社會叢書

臺灣的工業化與社會變遷

文崇一 著

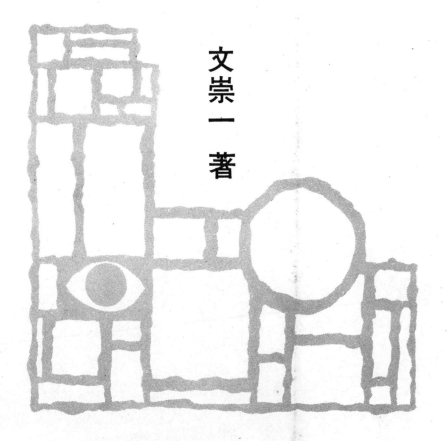

東大圖書公司印行

序　言

　　臺灣的工業化實際是把西方將近兩百年的工業化過程，壓縮在三、四十年間完成，對工農業、對社會文化衝擊之大，可想而知。事實上，最困難的工作還不在於工業本身，而在於變遷的來源。西方的工業化是社會文化內部的衝突與發展，動力是來自人民或文化內部的需求，有機會一步一步去調節思想和行為模式；完成了第一步，再試探下一步，不可能做跳躍式的發展。從農業到輕工業，從輕工業到道路工業，到重工業，到化學工業，到電子工業，慢慢的摸索下去，然後達到了今天的高度工業化境界。這種發展，早期雖然也產生了一些像馬克斯所批判的弊端，資本家剝削工人的悲慘世界，但價值觀上的衝突不致太嚴重，行為的失調現象尚不致影響既有的社會秩序。主要由於技術與觀念間的差距不太大，兩者幾乎是在同一結構內齊頭並進，儘管技術的發展要比觀念快些。

　　臺灣工業化不是自發性的，完全是自異文化移轉過來的，在技術移轉的同時，也採用了西方的觀念和制度。對我們來說，不僅工業化的技術是全新的，觀念和制度也是全新的。新的技術、新的觀念、新的制度，這對一個保存相當強烈的傳統文化的人羣來說，是一種極大的挑戰。我們很可能在回應不當 (Toynbee, 1972; 林綠，民67)，選擇不當 (Morse et al, 1969; Levy, 1972; Eisenstadt, 1973)，或調適不當 (瞿海源、文崇一, 1975; Goode, 1970; Ogburn & Nimkoff, 1955)，乃至過度依賴西方的工業運作體系時 (Bernstein, 1973;

Wallerstein, 1974；蕭新煌，民74)，使工業化遭到失敗的命運，或因此一工業化過程，而使原來的社會文化和政治陷入困境。這在第三世界已有不少的先例，巴西與中國大陸發展的失敗，墨西哥、菲律賓的不能繼續發展，都與推動工業化計劃以及適應新的工業環境是否成功，有密切的關係。第三世界工業化之所以失敗，也許有不少原因，如政治不穩定，外債過多，國際市場壟斷等，基本上還是無法解決工業化所需要的特殊條件，工業的價值觀，資金，技術之類。

　　幾十年來的政治穩定，人民的勤奮工作，經濟政策的正確，以及土地改革的成功，顯然是臺灣早期經濟成長的重要因素。後期的工業化成就，則相當程度有賴於國民的高教育程度，普遍性的技術發展，以及國際的行銷策略。臺灣的平均國民所得，從美金60元升高到6000元，相對的也提高了生活品質。這種生活品質與西方已開發國家相較，雖然還差了一大截，尤其是近年來的搶劫、暴力事件過多，給社會帶來很高的不安全感，但總算擺脫了貧窮，可以過一點不愁衣食的日子。

　　工業化既然不止於提高國民所得和經濟成長，對價值觀念、制度、社會結構、政治體系也可能產生影響，甚至導致整個社會的變遷，這就形成工業化與社會變遷間的緊張關係。把社會變遷的指標設定在工業化或現代化是一種說法 (Bernard & Pelto, 1972; Allen et al, 1957; Levy, 1970)，設定在結構本身的內在動力或相互作用是另一種說法 (Sorokin, 1957; Athusser, 1970; Jessop, 1985)。但是，如果我們不走這樣單純的理論路線，首先觀察影響個人和羣體行為的因素，變遷過程中的衝突與理性，因襲與創新的可能機會，組織與規範的適應性，以及變遷的原因與方向等 (Boudon, 1986; Etzioni-Halevy, 1981; Strasser & Randall, 1981; Attir et al, 1981)，仍然

可能把現象模式化，而成為另一種解釋，也許就某種程度的擺脫了驗證假設或理論的方式。

　　明顯的可以看得出來，這幾十年，尤其是最近十多年來，臺灣社會受到工業化的影響，改變幅度非常大，從政治民主，社會自由，到家庭結構、傳統規範、價值體系、職業結構、社會階級等，都有極大的改變，甚至搶刼、強暴、殺人事件也多起來了。這些現象，根本不是好或壞之間的選擇，而是社會變了，個人和組織必須在變的環境中，重新調整行為，以建立工業社會的新模式。這種模式也不是誰可以主動去塑造，只是透過社會化過程，讓社會中所有的個人和羣眾，向着某一種理想目標逐漸發展。因而，研究和了解社會現象，就成為最重要工作。否則，在不知原因和過程、沒有方向的前提下，仍然無補於事。

　　本書所選的七篇論文，討論的層面牽涉較廣，但多半是從工業化的角度，去分析它們間的關聯性，及其變遷的現象與可能的方向。所涉及的範圍包括文化、價值、規範、道德、家庭、階層、職業、大眾傳播等。這些論文雖不完成於一個時間，但都試圖對變遷中的臺灣工業社會，傳統文化在面對現代工業文化的壓力時，究竟作出什麼樣的反應。這些論文，除〈臺灣的工業化與家庭關係的轉變〉為初稿外，其餘六篇均曾發表於下列各種專書或專刊：〈當前中國文化所面臨的挑戰〉發表於《挑戰的時代》(1981)，〈臺灣的工業化與社會變遷〉發表於《臺灣地區社會變遷與文化發展》(1985)，〈大眾傳播與社會變遷〉發表於《中山學術文化集刊》17 期 (1976)，〈傳統規範在現代社會的適應性〉發表於《傳統文化與現代生活研討會論文集》(1982)，〈職業道德與經濟行為〉發表於《現代生活態度研討會論文集》(1985)，〈職業聲望與職業對社會的實用性〉發表於《臺灣的人

力資源發展》(1982)。論文也作了些必要的修訂。謹此謝謝各刊物給
予我發表論文的機會。也謝謝東大圖書公司劉振強董事長給予出書的
機會。

文 崇 一

1989年11月於南港中研院

參 考 書 目

林　綠譯

　　民67　《歷史的研究》(A. Toynbee 原著)。臺北：源成。

蕭新煌編

　　民74　《低度發展與發展》。臺北：巨流。

瞿海源、文崇一

　　民64　〈現代化過程中的價值變遷〉，《思與言》12(5)：1-14。

F. R. Allen et al.

　　1957　*Technology and Social Change.* New York：Appletoncentury-
　　　　　crofts.

L. Althusser

　　1970　*For Marx.* N. Y.：Vintage.

M. O. Attir et al, eds.

　　1981　*Directions of change: modernization theory, research, and realities.*
　　　　　Boulder：West View.

H. P. Bernard & P. J. Pelto, eds.

　　1972　*Technology and Social Change.* N. Y.：Macmillan.

H. Bernstein

　1973　*Underdevelopment and Development: the Third Worldtoday.* Middlesex: Penguin.

R. Boudon

　1986　*Theories of Social Change.* Cambridge: Polity.

E. Etsioni-Halevy

　1981　*Social Change: the Advent and Maturation of Modern Society.* London: Routledge & Kegan Paul.

S. N. Eisenstadt

　1973　*Tradition, Change, and Modernity.* N. Y.: John-Wiley.

W. J. Goode

　1970　Industrialization and Family Change, in B. F. Hoselitz & W. E. Moore, eds., *Industrialization and Society.* Mouton: Unesco.

Bob Jessop

　1985　*Nicos Poulantzas: Marxist Theories and Political Strategy.* N. Y.: St. Martin's.

M. J. Levy, Jr.

　1970　*Industrialization and the Structure of Societies.* N. J.: Princeton.

　1972　*Industrialization: Late Comers and Survivors.* N. Y.: Basic.

C. Morse et al.

　1969　*Modernization by Design: Social Change in the Twenty Century.* Ithaca: Cornell.

W. F. Ogburn & M. F. Nimkoff

　1955　*Technology and the Changing Family.* Mass.: Houghton Mifflin.

P. Sorokin

　1957　*Social and Cultural Dynamics.* Boston: Poter Savgent.

H. Strasser & C. Randall

　1981　*An Introduction to Theories of Social Change.* London: Rout-
　　　　ledge & Kegan Paul.

A. Toynbee

　1972　*A Study of History (abridged edition).* London: Oxford.

臺灣的工業化與社會變遷　目次

序言

當前中國文化所面臨的挑戰

臺灣的工業化與社會變遷

臺灣的工業化與家庭關係的轉變

表 目 次

圖 目 次

當前中國文化所面臨的挑戰

　　只要提到中國文化，每個人都可以說上一大段，是是非非，已經不太容易分別清楚了。有人提倡平劇，說這才是道地的中國文化；有人卻不完全贊成，因為不僅形成平劇的時間很短，就是它的伴奏樂器，也不全是中國的，例如胡琴、笛、琵琶之類。所以，中國文化不只有地域上的差異，還有時間上的差異，不能混為一談。當你一談及中國文化，如果是春秋戰國時代，現代的長江以南，幾乎全是南蠻；如果是民國時代，則早就沒有夷夏之分了。這一點認識，對了解歷史上的中國文化，特別重要；否則，就容易產生誤解。

　　中國文化究竟該從那個角度去理解？是一個值得思考的問題。例如僅談儒家傳統，顯然忽略了其他各種學派；僅談佛教，顯然忽略了原有各種宗教；僅談宋明理學，顯然忽略了其餘各時代的成就。諸如此類，我們可以明白，「中國文化」一語，有它的包容性，也有它的排斥性，使用時的確有斟酌的必要。我不是說，不可以隨便用中國文化來討論問題，而是應注意內在因素，免得混淆。

　　在討論問題之先，我要提出一個概念性的說明，那就是，什麼叫「文化」？說起來真是老生常談，文化的定義，中外加起來，總有幾百個吧。話雖如此說，有些人還是不十分清楚，例如，有人把文化固定在音樂、美術、舞蹈、文學一類的藝術上，文化成了藝術的別名；

有人只把看得見的物質用品當作文化，如筷子、房屋、繪畫、文字之類；有人又把高層次的思想當作文化，如儒家思想、四維八德、五倫之類。事實上，每一種只是文化的一面，文化是指某一羣人生活上的整體活動。我們可以說，文化是「人類在學習和生活過程中，所表現出來的思想類型和行爲模式」。用一句簡單的話來說，文化就是一種生活方式。中國和美國是兩種不同的文化，也就是兩種不同的生活活方式。中國人講究關係、和氣、道德高尙；美國人卻強調獨立、個人成就、平等。即使是日本和中國，也可以分辨得出來，是兩種不同的文化，例如日本人表面謙恭、富冒險精神、模倣和表現能力特強等；中國人在這些方面有不同的態度，而特別重視功名、地位，不鼓勵技術發明。但也有些相同或相似的地方，如尊敬長輩、強調家長權威之類。可見，要作文化的比較討論，相當困難。如果沒有較清楚的認識，難免不以偏概全，將自己的主觀見解，去解釋他文化的好或壞，就眞是差之毫厘，失之千里了。例如有人說，美國人沒有倫理觀念，或西方人精神文明不如中國等等，這就是以自我爲主，否定了別人的價值觀念。其實，每一種文化都是符合那羣人的一套生活方式，有時候是很難比較的。

不要說不同的文化，就是同一種文化，也常常因時間或地域的不同而有差異，雖然這種差異可能只是大同小異。英國古代和現代，英國和美國；中國古代和現代，中國的北方和南方。就是這樣，有些文化特質還在繼續發展，如家庭制度，有些卻變得很多，或根本消失了，如美國的農奴，中國的封建政治。人類文化的發展，過程相當緩慢，大約一百萬年前，類人猿才懂得製造工具；一萬年前，人類發明了農業；五千年前，懂得建造城市；三百年來，才加速了科學技術的發展。可見人類文化在早期的一致性必然較高，越到後來就越不一

致了。

　　無論從地域或時代來看，中國文化的異質性也是存在的，並不是古今南北完全一致。早期有東西的不同，後期有南北的不同，就是長江流域各省，仍有相當程度的不同；而在春秋戰國時代，地區間的文化差異，更是顯而易見，如秦、楚、齊、越。到了近代，許多不同省籍的民情風俗，或居民性格，仍然有高度不一致的地方。這也就是文化上或生活方式上的差異。對於這種差異，我們有時也叫它為次文化，以別於更高層次的文化。以中國為例，地區文化可能只是儒家文化下的若干分支，也許根本不曾被儒家文化影響過。

　　從中國文化發展的時期而論，幾次明顯的變化，顯然說明了中國文化在不同時期的不同內涵，也可以說是形成中國文化的幾個重要階段。

　　(1) **本土文化時期，自殷周至漢魏**　假定殷周是中國的本土文化，東西大融合後，春秋戰國時受到四夷的影響很大，待秦漢統一，接着就建立了儒家的文化傳統，直到三國時代，受到曹魏的挑戰。

　　(2) **佛教文化影響時期，自晉至唐**　兩晉是佛教加上老莊文化盛極之時，在政治典章制度上，也許還是儒家獨尊，但在思想、文學、藝術，特別在宗教方面，幾乎是佛教的天下，到唐代，已內化到不容易分辨的程度。

　　(3) **新儒家文化時期，自宋至清**　這個時期的思想，其實已混合了儒佛道三家的文化精神，成為一種新的文化形態，它們間互為影響。同時在某種程度內，也受到元與清，兩種邊疆文化的影響。

　　(4) **西方文化影響時期，民國以來**　西方文化影響中國，自清末已經開始。一般把這段時間的影響分為三個階段，即自強運動，為技術上的改革；立憲運動，為制度上的改革；五四運動，為思想上的改

革。後來，中共佔據了大陸，使中國文化遭受破壞。臺灣的工業化和民主革新，中國文化加入的新成份就更多了。

從上述的簡略討論，我們已經發現，中國文化，如果以殷周爲基礎，也曾經有過好幾次的大轉變，每一次轉變，都注入了新的文化成份。最明顯的是，當它面臨挑戰時，不是逃避或閉關自守，而是接受，把接受到的新文化特質，轉變並內化爲本文化的一部分，甚至是重要的一部分，佛教文化就是一個很好的例子。這有點像平劇，國語、方言、鑼、鼓，加上胡琴、琵琶、橫笛，天衣無縫，純粹的中國文化。任何文化面臨內在或外來壓力時，都是一種挑戰，應付挑戰最主要的方式，不外兩種：一種是消極的抗拒，退縮或逃避；一種是積極的接受，改革或創新。中國文化在面臨外來壓力時，大致還是走積極的路線，也許就因此，幾千年來仍得以維持不墜，雖然也遭遇過不少困難和挫折。

最近的一次挫折是來自西歐的工業文化。大約在十七、十八世紀，中國文化，特別是中國的文官制度、考試制度、孔孟思想等，曾經受到西歐知識界的不少讚揚。但是一到十九世紀，這種讚譽沒有了，接着而來的是批判、指責、侮辱，例如說中國政治腐敗、無效率，人民貧窮、無知，儒家與佛教文化的落後、停滯。這一類對中國文化的攻擊，其狠毒與惡意，不下於鴉片戰爭與八國聯軍。前後不過一、二百年，態度爲什麼改變得那麼快？我想，以下幾個原因是重要的。

(1) 西歐在十九世紀已經開始普遍工業化，當時的工業化標榜理性、科學、進步，以之與中國的農業文化相較，自然更顯得有效率、前進。

(2) 西方與中國直接接觸，尤其歷次進兵後，發現中國原來是那麼貧窮落後，沒有技術，信仰多神宗教，又經傳教士渲染，中國就變

得更不堪一擊了。

（3）工業化後，西歐不僅理性主義增強，民主、自由也相對提高，於是在西歐的知識分子中，產生了更強烈的「歐洲中心主義」，不把歐洲以外的國家放在眼裏。

（4）中國的農業文化在與西歐工業文化交手之後，無論在技術、制度、意識形態各方面，也的確顯得張皇失措，軟弱無能，表面上雖然喊出了「師夷人之法以制夷」的口號，實際是既無自信，又失去了自尊。

自那時候起，一百多年來，在世界事務上，中國文化擡不起頭，中國人也跟着擡不起頭。從學技術，學制度，到學科學、民主，樣樣學，事事學，結果越學越不像，越學越失去自信。就像多數開發中國家的現代化過程一樣，盼望工業化帶來經濟成長，結果卻造成了社會和政治的混亂。中國自自強運動，到立憲運動，到五四的新文化運動，無一不在尋求一條建設現代化國家之路，然而失敗了，直到臺灣近三十年來的工業化成果。

事實上，目前的中國文化是個什麼樣子呢？這眞是很難說。依我看，最少有四種類型已經形成，或正在形成中，那就是，海外華僑社會、香港、中國大陸和中華民國臺灣。僑社多半只是代表某一地區的中國文化，如舊金山的臺山，橫濱的山東，沙勞越的閩南；只有少數地方才是由幾個地區，因長時間聚居，而形成一種新的文化形態，如星加坡。星加坡的華人文化如不受到阻擾，將來也許會形成另一種新的中國次文化系統。香港主要是廣東系統的中國文化，而又受到西方文化和若干地區文化的影響。大陸當然保有許多傳統文化，中共雖然極盡破壞的能事，相信也只是某些政治價值被迫改變而已。我們沒有理由相信，在短短的三十年間，中共有能力改變中國文化中的基本結

構和社會組織，如親屬關係。但是，無論如何，中共還是使大陸的中國文化作了某種程度的轉變。臺灣可能是唯一的地方，有意保存中國傳統文化而又保存了一些。這個地方的中國文化，本來也有點像星加坡，以福建地區爲主，三十八年政府遷臺，的確使這裏的中國文化產生了很大的轉變。最主要的是，幾十年來的工業化過程，爲所有四個類型中，唯一在向工業文化環境作調適與反應的中國文化。從一方面看，它在考驗中國傳統農業文化的適應力，從另一方面看，將來的改變可能會比其他地區大些，因爲臺灣的工業化程度越來越高，也比較快速。

文化或社會的日見分化，本來是現代社會特徵之一，目前中國文化的幾個類型，顯然是在不同地區發展的結果，因而也面臨不同的問題。華僑社會在於如何適應當地文化壓力；香港在於如何從地域次文化層次升高，並面對世界強勢文化；大陸在於如何抵抗共產主義的威脅；臺灣在於如何建立一種適於工業環境的新文化，這個過程，可能必須面對更多的挑戰。

最大的挑戰，從上述討論可以了解，必然是在我們的生活環境中，所可能甚至必然面臨的一些問題，這些問題，綜而言之，可以分爲兩類：一類是外來的壓力，如共產主義和資本主義的工業文化；一類是內在的壓力，如傳統與農業文化。試先分述如下。

(1) 共產主義及其工業文化　以蘇聯爲首的共產文化，已經控制了東歐及其他許多國家和地區，他們想創造一種經對的獨裁文化。他們提出來的口號是經濟平等，由工農大眾控制政權和生產機構，以建立一種沒有階級的社會。從已有的共產政權來看，如蘇聯、中共、捷克，乃至南斯拉夫，這種集體經營或國家經營的方式，顯然沒有把口號變爲事實，達到預期的經濟成長，或政策目標，以改善其國民生

活。可是，這種思想方式，在許多開發中國家，卻具有極大的吸引力。這也就是爲什麼，已有的共產政權多建立於開發中國家，而非如馬克斯所預言，建立於已開發的資本主義國家。因爲共產主義主要在於倡導某種程度的經濟平等，和現有財富的均分，對貧窮國家的人民，有很大引誘力。在沒有生產，或生產不足的情況下，人民只有找機會去分享別人的財富。

在一些福利國家，如英國、瑞士，在一些高度福利國家，如瑞典、奧國，實際已讓一些失業和無工作能力的人，在福利制度控制下，分享了國家財富。在這種情況下，共產思想自然已失去其號召的對象，但在許多開發中的貧窮國家，仍有某種程度的號召力。這不是共產的力量，而是政治不良，國家太窮，貧富差距太大，人民既不事生產，也沒有消費能力，只有寄望從均分他人財產中，獲得些許的暫時利益。幾十年來中共統治下的大陸，正是這樣的路線。所以，接受共產思想挑戰的最好辦法，就是儘快建立一個高度的福利社會。

(2) 資本主義及其工業文化　　以美國爲首的資本主義文化，可以說是陣營強大，經濟發達，這是目前世界上眞正影響力大的優勢文化。資本主義的最大特質，就是強調金錢的功用，每個人都努力去賺錢，由於機會的不均等，自然就造成經濟上的不平等。但是它也強調民主、自由、公平一類的政治、社會價值觀念。所以資本主義已經被塑造成一種西歐文化，這種文化的模式就是，用努力去創造個人的經濟地位，用選票去創造統治階層，迫使這個社會成爲，經濟權日益集中，政治權日益分散。這類資本主義國家，原來多半也都是殖民國家，他們有太多指揮他國的經驗，於是強迫許多開發中國家，接受其經營政治和經濟的方式，企圖建立一個具有經濟成長的民主國家。但是，開發中國家選擇這樣的政治經濟模式後，產生了文化調適上的極

大困難，最主要的莫過於，本土文化的家長式統治，跟西歐男女平權的雙邊社會體系，格格不入，以致經濟失敗，民主政治也未成功。

可見，這種具有世界權威性的優勢文化，經常威脅到其他文化體系，也威脅到中國文化，無論中國人喜歡或不喜歡。

(3) 傳統與農業文化　農業文化曾經有過它的黃金時代，就是現在，既不能沒有農業，也不可能沒有農業文化。傳統與現代也不是兩個孤立的世界，傳統未必會阻止現代化，現代化也無法隔絕傳統。我們曾經不止一次說過，每個社會都是由傳統轉變到現代，現代中也必然含有幾分傳統。但是，正如我在前面說過的，文化是一種生活方式，傳統是過去的生活方式。適合於過去的文化，或適合於農業社會的文化，未必完全適合於現代或工業社會的生活。這就是為什麼，有些傳統變了，有些卻沒有變；有些農業文化在工業社會中還適用，有些卻不適用。

要如何捨棄某些傳統文化，或運用某些傳統文化，的確是一種艱難的選擇。有時候我們會很輕鬆的說，把好的留下來，把壞的丟掉。可是問題就出在這裏，好壞的標準在那裏？用誰的標準？由誰來選擇？我認為該保留的，別人也許認為該丟掉；我認為標準在這些項目，別人也許認為在那些項目。這豈不是爭論不休，而永遠定不出取捨的客觀標準？

同樣的問題，在所有開發中國家的工業化過程中，都發生過，雖然有程度上的差異。也許是受了早期西方學者的影響，起初大家都認為，只要把西方的機器搬過來，就可以開工廠，賺大錢，提高國民所得。經過了許多年，才發現並不如此容易，其中還牽涉到資本、人才、管理、組織、價值觀念，特別是傳統文化的影響力，開發中國家工業化成功的例子，可以說少極了，原因之一就在於沒有妥善處理傳

統文化。

以上三種挑戰，所有開發中國家都已經面臨，不祇是當前的中國文化。三種挑戰所包含的問題實際是，價值體系的調整問題，工業社會制度的重建問題，模式行為的重組問題。以中國文化為例，它的總目標應該是克服困難，創造一種「工業環境下的中國新文化」。

從傳統與工業文化而來的，最具挑戰性的口號是，社會穩定，理想的經濟平等，政治民主，個人自由，以及所得增加。但是，它也帶來不少麻煩，例如，衝突太多又太高，使社會產生緊張，蒙受損失；過份強調所得與經濟成長，引起社會危機；破壞環境，使生態體系失去平衡，遭受污染。這些幾乎是老生常談的問題，卻深深困擾着我們人類，束手無策。但是，假如我們從上述三大問題去着手，也許不無成功的機會。例如，調整價值體系，使在工業環境中生活的人，感到和在農業環境中生活一樣的舒服、安全，甚至更好；重建社會制度，讓社會上幾種重要資源，如財產、權力，獲得公平而合理的分配；重組模式行為，使人民不但能預期自己行為的結果，而且能預期他人和其他社會行為。這對於生活在工業環境中的人，必然是有利的。

基於這個觀點，以及現有工業文化的缺陷，我以為從下面幾個方面着手去做，對於創造一種「中國式的工業文化」，將有實質效果。

第一，把西方的科學精神和中國的人文精神結合起來，以創造有利的工業環境。我不是說西方沒有人文精神，中國沒有科學精神，而是說，近代西方文化在科學上有較傑出的表現，這種表現，不僅僅在於追求技術發展、經濟成長，而在於發現真理。真理是什麼？一種是可能的實際存在，如宇宙運行法則，如社會演化原理；一種就是善，也可以說是絕對價值。這種科學精神與中國的人文主義，有某種程度的相似，甚至相同。中國文化對於人性的追求，就在於善，善是一切

行為的準則，無論是西方的科學精神，還是中國的人文精神，發現真理的手段，莫不強調誠，正如中國人的話，不誠無物。這個「物」，可以解釋為真理，原理原則，或善。這就是我所強調的，科學與人文結合的焦點。

不過，這種說法，止於認知的層次。中國文化不僅對科學、技術，就是對某些倫理價值，也是認知高於行動。不僅沒有普遍行動，連特殊範圍內的行動也受到限制，這恐怕就是孫中山先生強調「行易知難」學說的時代背景。如果大家只是說說就算了，革命還能成功嗎？不要說革命，就是打高爾夫球也得走到球場去動手。所以，要把科學的善和人文的善結合起來，還得認真去做。

近代西方科學家是真的在做，也發現了許多真理，可是，由於二百多年來，西方世界太看重物質與技術的發展，反而忽略了人性的另一面，例如武器的競爭，強迫開發中國家接受西方現代化模式，這可以說是科學的不善的一面。假如能以中國人文精神上的誠與善，配合西方科學上的誠與善，也就是以科學價值與人性價值作適當的調整與配合，則創造一種適合於工業環境的價值體系，當不是什麼困難的事。這就是我所強調的，具有人文精神的科學思想，新的工業文化。這種文化是傳統的延續與創新，利用了傳統中好的一面，增益了傳統中之所無，而不為傳統所束縛。這也許可以說是，發揚中國文化傳統的方法之一吧。

第二，從中國諸子百家之說與外國各種學說接受經驗，以培養和擴大中國文化良好的適應性。中國的科學思想，在受了幾百年的委屈之後，李約瑟的《中國之科學與文明》，最少已告訴國人，甚至外國人，中國不是沒有科學，只是許多科學思想，或科技上的發明，中途為政治的或社會的原因扼殺了。這顯然是當時的社會制度所造成的結

果，兩千年後的今天，不應該也不容許再次發生這樣的事。

今天在自然科學的領域，無論理論或方法，已經完全為外國學說所控制，教科書，論文，都是從外國來的，除了教中國科學史的人，恐怕沒有人知道中國科學為何物了。社會科學也好不了多少，雖然有少數的中文教科書和論文，所用的理論和方法，甚至資料也都是美國的。有時候我們不禁要想，這究竟是在中國學校宣揚美國文化，還是替美國學校教書？只要有這種教書經驗的人就會了解，這不是在取人之長，而是出賣自己。要在這種環境下培養出來的人，去認同自己的文化，真是憂憂乎難矣。

現在我們就要問，既然可以花那麼多時間去研讀西方的古典和現代學說，為什麼不鼓勵專家從事研究，把中國歷代諸子百家之說，加以系統化，使我們在社會科學上也有理論可依據，有方法可使用？例如，晚期墨家重視技術發展，相信對中國的工業化思想必然有利；陰陽家、名家重視邏輯、辨證方法，必然對思維訓練有利；道家重視自然及科學式的觀察，必然對發展科學有利。可見，如果我們對中國諸子百家之說，加以客觀的探討，批判性的接受，將不僅對中國學術界有益，對改變中國的社會制度，也會產生積極的作用。道理很簡單，要使制度合於中國人的需求，就必須從中國文化或中國學術中去尋求因果關係，而不能完全乞靈於外國文化，除非那是一些新的制度，如民主政治。那也沒有什麼關係，文化本來就是傳播、發明交互作用，只要能做合理的安排，良好的調適，任何一種異文化的移植不但可能，而且必需。

第三，重新評估儒家文化，兼容並蓄，以創建中國的工業文化。我曾經一再的強調，不管你喜不喜歡儒家文化，在經過了兩千多年的發展、感染之後，你想在思想、行為上完全擺脫儒家的影響，幾乎是

不可能的事，因爲你是在中國的家庭、學校、社區或機構中訓練出來的，不知不覺，一行動，就沾上了儒家思想的色彩。對於儒家的爭論，主要在於，它不是擁護者所說的那麼好，又不是反對者所說的那麼壞。儘管有人指責它是統治者的工具，或保守派的大本營，然而，它在中國歷史上歷二千多年而不衰，這股本身的潛在力量，你不能小視。儒家思想被批評得最厲害的就是維護正統，所以受歷朝皇帝的重用；不過，儒家思想也主張革命，爲什麼沒有受到排斥？實在是不能一概而論，因爲自漢武帝以來，中國的政治、經濟、社會、教育等制度，受到儒家的牽連，眞的太廣、太深了，一時想改也改不過來，何況還有反對改革的？儒家遭受批評的不止這些，例如保守性、控制性、僵硬性、不變性、太注重人際關係、太強調道德等等。關於這類問題，我們自沒有必要，一一拿來討論。但是，我們前面也說過，現在所謂的傳統文化，多半就是儒家文化，如果要保留的話，保留那些？由誰來選擇？看起來這是個難題，往深一層思考，你就會發覺，這不過是一些思想和行爲模式而已。旣然如此，天下那裏有永遠不變的模式？模式也不是由誰指定就可以形成，而是由多數人，經過長時間行爲習慣的結果。大家喜歡的，就留下來；不喜歡的，淘汰了。如果想用某種力量，勉強把一些大家所不喜的東西保留下來，恐怕很難，乃至不可能。

在今天的工業社會中，無論對於傳統文化，或外國文化，我們的態度應該以是否適合於生活需要爲取捨原則，不必也不能唱高調。工業生活的特徵之一，就是重視現實；現實有了問題，馬上得設法解決，不能拖延，因爲必須爭取時間。就這種情況而論，儒家文化也有它可取的一面。如果能利用這些優點，再與外國工業文化的長處相互爲用，相信不難創造一種新的中國工業文化。我願意在這裏提出三點

來討論，並希望有助於建立中國式的工業文化，因爲目前的西方工業文化正面臨危機。

(1) 實踐的精神　自孔子以來，儒家就不尚空談，重實踐。有人間孔子以農事，孔子說，我不如老農。這是典型的所謂「坐而言，不如起而行」的故事。可惜的是，後期的一些儒家，往往把仁、愛之類的高尚道德情操掛在嘴邊，而做得太少，甚至反其道而行，以致對整個儒家實踐精神引起誤解。其實，儒家不但強調做，而且提出做的辦法，例如，已所不欲，勿施於人；設身處地爲他人着想。這在今天的工業社會，也可以成爲行動的指導原則。二十多年前，一個美國社會學家作中東現代化程度的研究，發現之一就是「設身處地爲他人着想」(empathy)可以作爲測量現代化高低的指標。工業社會的人尤其着重「做」，不做的話，資本、產品、贏利，從那裏來？

(2) 理性的精神　儒家在基本上是反迷信，重理性的。理性沒有什麼絕對標準，只是尊重選擇。例如，儒家固然強調祭禮的重要性，但也不能亂祭，亂祭就變成討好或賄賂，這是不可以的。儒家主張忠君，可是像暴君那樣的君，不但不值得忠，而且人人得而殺之。這都是一種對現有規範的解釋，合理的解釋，可以不遵照規範去做，尊重個人的選擇。這實在是具有創造性的理性原則。以現在的工業社會爲例，我們要不要執行福利政策？要不要爲創建均富社會而努力？這都需要我們政府的決策者，以及民間企業家作理性的選擇。理性並不是一成不變，它也經常受到時間、空間或價值與規範的限制。但工業社會的確需要把理性的層面升高和擴大，才有機會建立一個公平而和諧的社會。

(3) 求變的精神　批評儒家思想的人，常常認爲它太保守，不願變，不敢變。其實這只是儒家的某些極右思想，眞正的儒家，並不反

對變，孔子就認爲適度的變是存在的，也是必需的；孟子所謂聖之時者也，通權達變。都是對變的一種解釋，不過，這些變的概念，並未形成一種有系統的變化理論。周濂溪所說：「萬物生生而變化無窮」（《太極圖說》），則是繼承《易・繫辭傳》，把變當作延續性的進一步發展，已具有理論的意義了。從這裏可以明白，儒家的變化概念，顯然是被後人誤解了，或有意加以忽略。事實上，儒家原來也是一種進取的，理性的，實際的思想，如果不理會或不懂得變，就無法達到目的，這是儒家學派所了解的事。唐宋以後，儒家採擇了若干道家思想，主張變的色彩就更濃厚了。到今天這種工業社會，求變成爲必然的手段，如果不知變，就真是要被時代淘汰了。所以，儒家的求變精神，對將來的工業文化將產生積極的作用。

事實上，儒家經典之一的《易傳》（〈象傳〉與〈繫辭傳〉），就完全有系統的企圖建立變化理論，只是不知爲何被後期儒家忽略了，真是非常可惜的事。我們都知道，目前西方社會學有兩個大的變遷理論，衝突論認爲變是一個常數，功能論認爲穩定是一個常數。《易傳》對於變遷的看法是，變遷是一個常數，是從一階段到另一階段的過程，過程不是衝突，而是交互作用，或結構內部的轉變。變化是一種盛與衰的循環體系，循環有周期性，但不是重複。變化的目的是維持體系的秩序與和諧。雖然在討論的過程中，《易傳》的作者控制得並不嚴謹，但就觀念的整體而論，還是相當完整。即使是今天，在某種程度內，這個觀點是可以接受的。我們都知道，衝突論的缺點，在於過份強調衝突，而忽略了可能的穩定；功能論的缺點，在於過份強調穩定與和諧，而忽略了變遷過程中的衝突。《易傳》也不特別強調衝突，可是，把變當作一個必然的常數，把變的目標視爲秩序與和諧，不能不說是中國文化在兩千多年前的一大貢獻。這個觀點，如果加以

修正，例如注意變遷過程中的衝突，競爭或合作的現象，當可以用來解釋工業社會中的人類行為。

　　我的意思是，在檢討儒家思想的時候，如果放棄那些消極的觀念，而把若干積極面加以發揚，將對中國文化的發展有利，對現階段在工業環境中生活的人，不論是模式行為的重組，或工業文化的重建，也極為有利。

　　一個西方歷史家說過，挑戰是隨時會發生的，挑戰並不可怕，祇要有適當的反應；可怕的是沒有反應，或反應不當。當前中國文化所面臨的挑戰正是如此，只要我們能及時作出適當的安排。儒家文化把這種事視作天人之際，因外在環境的轉變，主動調整內部結構，實在也是挑戰與反應之間的另一種合適的作法。

　　從歷史上看，中國文化的適應性和包容性均相當富有彈性，希望這次在中西文化，也即是農業文化和工業文化的交接中，能和過去一樣，發揮它最大的潛力。一方面要解除西方工業文化所引起的危機，另方面要建立一種真正適合於工業環境生活的，新的工業文化。這就要看我們的智慧和努力了。

臺灣的工業化與社會變遷

一　緒論

　　臺灣工業化的成功結果，已經被全世界各工業國家喻爲奇蹟，第三世界的許多國家，在飽經工業化失敗之餘，尤其看重臺灣的工業化過程。這實在是件值得驕傲的事實，現在已經有不少學術界人士用儒家文化加以解釋，這和從前的一味詆毀儒家文化，眞是不可同日而語。

　　我國的工業化運動自然不是從臺灣才開始，早自清末以來，就曾經有過自強運動、維新運動、五四運動之類，無一不是在求國家的工業化或現代化，但每一次都失敗。民國 38 年退居臺灣，不僅經過了一連串的失敗，而且經濟情況仍然壞到極點。接着幾年來有系統的土地改革計劃，如三七五減租、公地放領、耕者有其田政策的成功，的確給予當時執政者不少鼓勵，也紓解了當時農村社會中嚴重的土地問題。這是中國歷史上的創舉，自商鞅以來，三千多年都無法解決地權的分配問題，在臺灣總算有些結果。

　　臺灣有計劃的工業化政策，也許是後期的事，開始的時候，只是試着去國際市場上賣點紡織品，想不到卻成功了❶，以後才有勇氣或

---

❶ 李國鼎（民 64: 1-6），在「社會與人文科學家在國家建設中所能扮演的角色」座談會中講演記錄。

機會把別的產品推銷出去。事實上，這也與西歐的工業化過程暗合，從紡織品擴及其他輕工業產品，再交通運輸工程，再重化工業及電子工業。如以民國 50 至 69 年輕重工業之比例計算，50 年為 67 比 33，60 年為 58 比 42，69 年為 42 比 58，顯然前期以輕工業為主導，及後才逐漸加強重工業的發展。速度雖然不是很快，趨勢卻至為明顯❷。後來我國多次的經濟計劃，大約也是依照這個方向制訂，雖然也有遇到挫折的時候，多半還算成功。

　　像這樣的一種工業化過程，除了免於外力干預以及一個長時期安定的政治環境外，另外的一些因素可能很重要，如合適和合理的經濟政策，達到某程度的行政效率，人民的勤奮工作，民間有些累積資金，諸如此類。這究竟算是文化因素、制度因素、政治因素、或環境因素，還是各種因素混雜起來的複雜因素？假如從結構改變的觀念來說，這究竟是外部因素或內部因素影響所導致，還是兩者都有？

　　臺灣本來是一個農業社會，已經有相當長久的高同質性農業社會，這種社會的特質就是：看重初級關係，強調父權，聚居，家族觀念十分強烈，宿命的人生觀，以及勤儉勞苦的工作態度；這些人在幾千年儒家傳統的影響下，雖有士紳階層和農民階層的差別，但在重視功名，尊敬官員，努力發財，擁護政治地位和土地的行動上，相當一致。這一種農業社會的結構，如果把它概念化，就是，在以農業為基礎的生態體系和經濟結構上，建立一種以親屬關係為社會網絡，以富貴貧賤區分社會階級，以四維八德為中心價值體系的社會。

---

❷　西歐模式的工業化過程，大致均是如此，北美、日本亦如此。輕重工業比例，請參閱施敏雄等論文（民 71,5: 89）。從 Hoffmann 比率也可看出差不多同樣的結果和階段性（林照雄，民 67: 96-97）。有關工業結構變遷，請參閱施敏雄、李庸三，民 65: 187-207。

　　這種定居的農耕社會，在民國40年代以後的臺灣，面臨了一些挑戰。挑戰來自兩方面：其一為制度和觀念方面，如土地改革把地主階級消滅了，普遍的選舉使人民提高參與政治事務的興趣，成功的經濟政策增加了經濟成長的機會；其二為技術方面，如各種輕、重工業技術的輸入，企業管理的制度化。從國民所得的日益提高，工業的普遍發展，我們知道，臺灣居民在面臨這兩種挑戰時，應付的方式大致還算成功，雖然有些環境污染、犯罪增加的弊病。工業化的結果，也使原來的結構產生極大的變化，最大的是，由於工業化和城市化，居民大量聚居於工業和城市地區，人民不再局限於原來的初級關係中；家庭人口逐漸減少，父權低落，原來的家族關係也難以維持；職業的多元化，職業地位的升高，不僅使階層組織重新安排，社會價值也不一樣了，新的工業社會結構和價值體系正在形成中。這種結構的變化，顯然與下列幾個層面有非常重要的關聯：一是技術和價值間的關係，二是職業和階層的關係，三是規範和人羣間的關係。這種分析性概念可以建立如下圖的觀察模式。

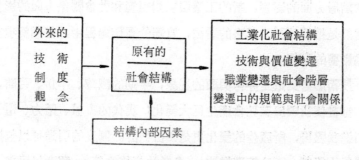

圖 1　概念架構的觀察模式

　　把既存社會結構的變遷從三個層面來理解：一個是既存結構，它受到某些因素的影響，發生變化；第二個層面就是影響既存結構的因

素，主要選擇三個分析指標，即技術，制度和觀念，原有結構內部因素也可能是致變的動力之一，如改變制度以應付危機；第三個層面就是研究變項，因外來因素影響原有結構，而產生新的工業社會結構。這就是我們所強調的，技術與價值，職業與階層，規範與人羣關係。影響結構變遷的因素可能很多，本文集中於技術、制度、觀念三大類。透過新的技術，制度，或觀念，或三者同時發生作用，而使原來的農業社會結構產生改變；這種改變也可能受到既有內在因素的影響，如儒家傳統文化中的勤勞、節儉、企望發財、追求功名等。我們所以選擇這三組研究變項，是認爲這三個指標很重要，足以陳述結構變遷的主要現象：(1) 價值觀念是判斷事物和行爲的標準，這方面的改變，顯然會影響到行動；(2) 社會階層代表權力、財富、聲望各種珍貴資源的分配狀況，這方面分配的改變，可能就是階層的重組；(3) 社會關係網絡實際就是人與人之間的活動方式，受到許多規範的約束，這方面的改變，就是人際關係的調整或重作安排。因而設定了三組相對的變項加以分析，即以新技術對價值方面的影響，新職業對社會階層方面的影響，新的工業環境對規範和社會關係方面的影響。這當然是把變項孤立起來的看法，實際的運作過程中，每個變項都有互爲影響的可能。

技術影響變遷是非常明顯的現象，早期的鐵犂、牛耕、弓箭、火藥，都曾使我國農業社會產生巨大變化；現代的機械、電力、電子技術引進我國後，所產生的變化更是無法估計。制度的引進可以包括目前流行的學制、工商管理辦法、各種法規條文等。觀念以民主、平等、自由、興趣團體之類爲最重要。這些變項都對原有的農業社會結構產生衝擊，乃至不得不重新組合，以適應工業環境。不僅如此，原有體系內的許多因素，爲了適應新的環境，也不得不重組，以塑造新

的模式行為，例如親屬關係的漸趨冷漠，家內權力的分散，鄉村社區組織的改變等 (Allen et al., 1957; Hoselits & Moore, 1970; Mesthene, 1970)。

在新的工業社會中，我們已經觀察到許多現象，與原來的作比較，的確有着顯著的變化，如家庭形式和家庭權力分配，村落中的家族組織，城市的犯罪率等等，都值得提出來討論，但本文無法把所有有關變項都用來作為分析的指標，只能從上述三個層面加以分析，這三個層面可能涉及工業社會的基本結構關係：一為技術與價值變遷，兩者雖可能互為影響，但在工業社會中，價值觀念所扮演的重要角色，不容忽視；二為職業變遷與社會階層，職業乃至價值觀念的多元化，使社會階層直接受到影響，最明顯的是產生了新的階層結構；三為社會規範和人羣關係，規範和人羣關係可能形成一種互動的作用，然而規範是一種制度化手段，常常限制或鼓勵人民的行為。從結構的觀點而言，這三方面可能是從農業社會到工業社會的重要轉變，在轉變的過程中，也會呈現許多不一致的現象，如功能或負功能的轉換，衝突和整合的可能性，生活上的調適或失調，初級關係和次級關係的角色調整等，均將設法運用它們作為分析的工具或手段。

二　技術與價值變遷

技術和價值之間，似乎存在着許多互為影響的關係，有時候是技術影響價值，如避孕工具使人民的性觀念改變；有時候是價值影響技術，如為了要降低生育率而發明了避孕工具；有時候是技術與價值互為影響，正如有人說，兩者之間如一圓環，可以從環上任何一點開始 (Gordon, 1969: 149-90)。上述的例子也是如此，為了提高生活品

質，不得不設法降低生育率，因而發明了避孕工具；避孕工具雖然達到了降低人口的目的，卻改變了人民的性觀念，甚至也導致對家庭、工作等觀念的改變。所以，有時我們不易了解，究竟是技術改變觀念，還是觀念改變技術，或者是互為影響。

我們相信，在一個變遷中的社會，這種技術、觀念、制度間的互為影響，可能是普遍存在的事實。臺灣的工業化過程，就是一個很好的例子。民國40年代一連串的土地改革政策，50年代一連串的工業化政策，可以說都是觀念領導制度改革，再產生技術變遷。這也是政治領導經濟發展的成功模式，與早期若干西方學者所強調的，因工業化的成功，而導致政治民主的預測模式，有相當大的距離。臺灣的地方自治和經濟制度的改善，比技術變革要早得多；但是，新技術引進以後，特別是有關農、工業的生產技術和知識，不僅提高了生產力（吳家聲，民 66：19-20），對我國人民的生活方式和價值體系都有很大的影響。

技術影響價值觀念可以從兩方面來觀察，一方面是從拒絕技術到接受及創新技術，另方面是從新傳入技術影響原有價值觀念到建立新的價值體系。這種過程雖不是那麼明顯，前後可以截然分開，但從農業到工業階段的技術發展，有許多事實可資說明。中國傳統文化有相當程度的排斥技術，而推崇官僚地位，是非常普遍的現象；儒家傳統中通常鼓勵立德、立功、立言，而把技術當作雕蟲小技，中國歷史上的一些技術發展，幾乎都是業餘的，從沒有獲得鼓勵，以致無法作進一步發展。也許由於過於強調官僚體系中的社會地位和政治地位，以致忽略了技術和科學，這是李約瑟（民 62）也不得不承認的事實。即使工業化程度到了目前的階段，還常常看得出受到它的影響。明顯的是，有許多學有所成的知識份子，特別是教授階層，往往捨棄多年來

所從事的學術工作，而進入行政組織去做些吃力不討好的事。

不過，就整個社會而論，到了現在，這種狀況已有不少改善，學習技術的人已逐漸增加，二、三級產業人數越來越多，企業家有逐漸成爲社會主流之勢，例如民營大型企業(指在民國63年一億元以上資本)，民國42-46年只有一家，到52年有29家，57年有109家，62年有480家（中華徵信所，民63：6），年成長率平均在30%，可以說相當快速。這些都說明技術和工商業的爲社會所重視。現在用幾個表來說明一些事實。

表 1　臺灣三十年來就業人口行業變動情形

單位：千人；%

產業別 時間	第一級產業	第二級產業	第三級產業	總　　計
民國 42 年	1,647 (55.57)	522 (17.61)	795 (26.82)	2,964 (100.00)
民國 52 年	1,775 (49.42)	764 (21.27)	1,053 (29.32)	3,592 (100.00)
民國 62 年	1,624 (30.49)	1,795 (33.70)	1,908 (35.82)	5,327 (100.00)
民國 72 年	1,317 (18.63)	2,908 (41.13)	2,848 (40.25)	7,070 (100.00)

資料來源❸：《民國71年統計提要》：104-5；《就業市場季報》：10。

表 1、2 說明兩種現象：一是傳統的農業人口漸減，從 42 年的 56% 減至 72 年 19%，中國人原來的農業社會面貌，至此已面臨瓦解的命運；服務業和工業，特別是工業有急速增加的趨勢，從18%增至 41%，絕對數字尤其明顯，從 52 萬增至 290 萬；服務業也從原來的

---

❸　行政院主計處，民 72a；民72b：50-51；民 73：4；行政院戶口普查處（民 71：246）；經建會，民 71：8-9。以下諸表各種統計資料，大致都參閱這些資料統計而成，有時其間頗有出入，則擇一而用。

表 2　各級學校歷年畢業人數變動情形

單位: 人; %

時間 ＼ 學校別	大 學	專 科	高 職	高 中	初 職	初　　中	總　計*
民國42年	1,437 0.79	1,100 0.60	4,285 2.35	6,090 3.34	6,591 3.62	18,543 10.17	182,253 100.00
民國52年	6,360 1.41	2,959 0.66	14,804 3.29	20,685 4.59	9,733 2.16	79,248 17.59	450,620 100.00
民國62年	22,388 2.49	31,441 3.50	63,862 7.11	57,837 6.44	—	290,804** 32.39	897,953 100.00
民國68年	32,360 3.23	37,739 3.76	93,326 9.30	52,402 5.23	—	349,198 34.83	1,002,697 100.00

資料來源: 教育部教育統計: 22-25, 民國70年

　　*　總計中包括國小、師範、研究所、特殊學校、補習學校畢業生。

　**　民國57年設國中, 62年以後爲國中畢業生; 59年停辦初職, 故以後無。

79萬增至284萬, 這種速度是相當快的; 顯示技術性工作已爲多數人所接受, 具有某種程度的普遍性意義。二是職業學校, 特別是高級職業學校畢業人數快速增加, 以42年及68年爲例, 高中畢業人數僅增加64%左右, 從62年以後, 還有漸減現象, 高職卻增加了約三倍; 專科也從低比率增加到比大學人數還多的地步。而據另一種資料顯示, 農、工兩行業的差距還要大些, 如下表3。

　　從表3可以更明白, 工職學生遠超過農職學生的增加速度, 其年平均增加率, 工職差不多爲農職的五・四倍（畢業生）或四・三倍（在校生）。這也顯示了職業教育的變動方向, 一方面是政策的調整, 另方面也可能是就業環境迫使觀念轉變。

　　近三年（70-72）來, 就業者的行業結構變動雖已趨緩和, 大約維持在農業19%, 工業41%, 服務業40%, 但是依照已開發國家的經驗, 農、工業將會繼續降低, 服務業則繼續升高, 最後可能發展爲

表 3　各類職業學校在校及畢業學生人數及成長率

年		農		工		商	
		人　數	增加率	人　數	增加率	人　數	增加率
在	62	12,582	負 9.6	100,018	8.3	92,685	5.5
	66	14,520	5.8	136,173	6.9	130,244	5.3
	70	16,130	6.9	178,670	9.6	145,470	3.5
校	每年平均*		1.8		7.8		5.9
畢	62	4,064	負 3.2	28,946	11.7	25.910	負 1.8
	66	4,579	14.2	41,341	6.2	40,444	14.4
	69	4,344	負 1.2	43,675	14.5	41,344	13.3
業	每年平均*		1.3		7.0		6.2

資料來源：經建會，民 72: 206, 227，原表尚有水產、醫事、家事，本處未列入計算。

* 年平均增加率，係指從民國 61 年至 70 年或 69 年平均計算，此處僅列出 3 年作爲參考。

美國式的消費社會，大部分的工作均自動化，人類就眞的等着享受生活了。這種工作上技術的改變，明顯的使居民某些行爲和觀念受到影響。

（1）農耕技術的機械化、農作物栽培方法的改良、農業的合作經營，例如普遍使用耕耘機、代耕隊、共同育苗、經濟作物等，不僅改變了農民的技術基礎，也改變了經營方式（文崇一等，民 69）。最重要的是，中國農人原來的自給自足觀念，以及對土地的濃厚感情，現在幾乎都不存在了，完全視爲可交換的商品（文崇一等，民 64）；傳統的社區組織和工作方式，不得不作若干調整，以適應新的情勢；農

村裏要容納陌生人居住，甚至起高樓、建公寓；居住的流動性增加，親屬的疏離程度也逐漸在增加。一項研究指出， 農村青年的職業興趣，男性普遍喜歡機械操作與設計，女性普遍喜歡音樂藝術的設計，而在社會價值上，「追求安定生活」與「追求一技之長」，在工作價值上追求收入高、升遷機會大、權力大、有名望的工作（吳聰賢等，民 72)。這不僅顯示農村青年的進取、積極精神，具有高層次大社會的觀念，而且對技術的肯定，已超越了認知的範疇，尋求進一步的發展。在這裏，我們已不太容易找到傳統農業文化的影子。

(2) 工業技術的發展，由早期的初級技術到後期的自動化，如紡織、電子、石化工業等，在生產手段上固然起了重大的變化，最重要的是一方面增加了社會上的財富，另方面產生新的財富分配問題。工廠主和企業家不僅掌握了繼續增加的財富和技術，也逐漸進入行政和政治體系，影響國家某些重大決策。農業社會中的士紳階層為工業社會的企業階層取代了。隨着工業化程度的加深，技術的決定性影響力會越來越大；將來因技術而擴大的龐大組織，工作的更專業化和自動化，對技術的依賴性就會更高。例如民國74年的 500 家大企業中，總營業額（1.4 萬億元）相當於當年國民總生產額的 70.6%，員工人數佔當年全國就業人口的 18%。我們可以在表 4 中看出一些企業的龐大情形。在這些企業中，有百億以上的營業額，三千人以上的員工，所掌握的經濟資源有多大，不問可知。憑着這種優勢，就不難干預政策和政治運作了。

(3) 技術發展也使我們的日常生活起了很大的變化，中國人許多原有的看法不得不重新調整。避孕工具對我國保守的性觀念，幾乎是給了重重的一擊，無論男女老幼， 都逃不過它的衝擊； 性觀念的開放，可能還牽涉到自由戀愛、西方文化諸問題，但使用避孕工具，無

表 4　重要企業的營業收入與員工數

單位: 億元; 千人

排　名	公 司 名 稱	營 業 收 入	員 工 人 數	獲　利　率
1	中國石油	2,100.74	21,084	3.87
2	臺灣電力	1,100.17	22,924	15.67
3	公 賣 局	620.41	14,522	69.24
4	中國鋼鐵	338.77	8,500	－ .25
6	榮 工 處	251.43	13,462	2.14
5	南亞塑膠	303.16	9,222	5.87
7	大　　同	235.09	22,398	2.48
10	臺　　塑	192.22	4,500	7.34
11	臺　　化	186.97	9,175	10.40
12	裕　　隆	162.16	3,588	.07

資料來源:《天下雜誌》, 40: 70, 81, 1984 年 9 月。此處僅選擇 10 名加
　　　　以了解, 前 5 名, 1-6 名為公營企業, 後 5 名, 5-12 名為民營
　　　　企業。

疑是直接的技術因素。其他還有很多事件, 因技術而使我們的價值觀
念不得不作轉變, 例如交通工具, 打破了原有的地域關係, 使各地異
文化接觸機會增加; 大眾傳播工具特別是電視、廣播之類, 打破了原
有的書本知識, 使任何人可以對陌生事情獲得了解; 電腦, 使我們對
將來的道德規範都產生疑問; 越來越多的暴力犯罪, 不僅破壞社會秩
序, 簡直成了新技術條件下的副產品。

　　三十多年來工業化的結果, 技術對社會價值影響的層面相當廣,
從認知來說, 我們不再是那麼認命、絕對的尊重權威, 對儒家傳統,
具也有某種程度的批判精神; 經濟上的重農、重視農業土地, 顯然完

全倒過來了，工、商才是經濟上的主流；在成就方面，現代人追求的
已不是士紳地位，而是大企業家，因為經由資本家的管道，還可以獲
得政治上的利益。這種技術和價值間的整合情形如能維持下去，對未
來的技術發展和價值調適都將有利，這很合於已開發國家工業化的過
程，因社會需要而發展技術，技術又塑造了新的價值觀念。臺灣的工
業化過程相當順利，除了國際環境、政治體系安定、廉價勞工、成功
的土地改革及其剩餘資金外，很少技術和價值間的強烈衝突，也是一
重要因素。

　　我們都知道，儒家傳統有反技術傾向，這在我們的古典理論中已
說得很清楚。清末的設工廠、造槍砲、修鐵路、造輪船等遭到強烈的
反對，也是不爭的事實。可是，在臺灣，不僅這幾十年來的工業化運
動非常順利，即使在劉銘傳、日據時期，也沒有什麼阻力。這也許就
是所謂移民社會性格的原因，沒有正統儒家意識形態上的包袱，而有
地區性的實踐、順從的行動取向。據一項研究指出，我國經濟發展
前期 (1952-1963)，技術創新對製造業成長的貢獻率佔 53%，後期佔
16.40%。雖然後期有降低的現象，仍可以顯示在工業化過程中，社
會對技術創新的重視程度（林照雄，民 67: 91）。

　　我們沒有理由忽視汽車所造成道路、交通上的困擾，城市集居、
暴力電視所帶來的高犯罪率，工廠和大都會所製造的環境污染。然
而，這可能正是行動和價值間的衝突，為了自身的方便和利益，卻忽
略了大社會的永久利益。這種狀況，在不久的將來，也許可以獲得一
些改善，即當技術和價值衝突降到最低限度，或差不多一致時。我們
沒有辦法預測什麼時候可以形成這種結構性的穩定，但是，當這種技
術知識內化為我們文化的一部分，或在我們的文化價值體系中能產生
新的技術時，它的較高整合程度就可能出現，這也可能就是工業化社

會結構體系的一部分。

在這幾十年工業化的過程中，技術影響價值觀念的改變，可能是相當普遍的現象，我們可以再舉幾個日常生活上的例子：最早的時候，二手貨電冰箱還放在客廳裏顯眼的地方，後來即使是進口的一流貨也進了廚房；早期的自用汽車象徵財富和地位，現在慢慢就成了交通工具；早期只有一些爲了生計的小偸，現在就搶銀行了；早期在國內旅行就很滿意了，現在多半計劃出國旅遊；早期的工業家擁有一家小工廠可能已相當滿足，現在不但企圖作大企業家，而且企圖政、經合一，把一部分政治發言權也抓在手裏；諸如此類的事，實在不勝枚舉。開始時是技術影響價值觀念，後來，已變的價值觀念又迫使技術向前發展，雖然新的技術除了極少數爲自己發明外，多半還自國外購買得來的。這顯然說明，技術變遷和價值變遷之間，有着某種程度的循環關係，或者說互相影響的作用。

三　職業變遷與社會階層

假如有人要問，幾十年來在臺灣的工業化運動中，變動最大的是什麼？我們會毫不遲疑的回答兩件事：一件是，幾千年來中國人賴以爲生的農業式微了、農耕技術被徹底取代了，這是職業的轉換，從多數的農業轉換爲多數的非農業；另一件是，用了兩千多年，士、農、工、商的階層觀念完全遭到破壞，傳統社會以士紳、地主爲首的社會聲望，轉變到大企業家頭上去了。中國人一向所強調的「耕讀」之家，表示勤儉、誠實、上進的象徵意義，到此也就結束了。這對中國文化來說，眞是一種驚天動地的大變化。中國人，在歷史上，好幾次都有機會建立一個商業或工業文化，然而，都被當時的政治或某種意

識形態給扼殺了，如戰國至漢初的城市商業和手工業、礦業，當時到處都有成功的大商家；南宋是另一次發展工商業和海外貿易好機會；明代有機會建立海上貿易王國，藉以促進國內的工商業。後來事實證明，這都只是一種機會；一直到民國70年代，當我們侷促於一隅時，這種機會終於變成事實，我們將有可能把農業的中國文明塑造成工業的中國文明。這種事實，在職業和社會階層的改變上尤其明顯。

臺灣自民國34年光復以後，它的經濟發展過程，一般區分為四個階段加以討論，第一階段為經濟復甦時期，自民國 34-41 年，戰後一切農工業都不穩定，急待建設；第二階段為進口替代時期，42-49年，大力發展農產加工品及初級工業品，農工業生產得以大幅提高；第三階段為出口擴張時期，50-61年，工業產量大幅增加，經濟快速成長；第四階段為經濟穩定時期，62-72 年，這時候產生兩次能源危機，各國經濟發展均受到影響，我國在經濟成長上雖仍有較好成績，但不易獲得進一步發展。今後的問題就在於如何改變產業結構，以促進較高的經濟成長率❹。這種經濟發展過程，特別是農業機械化與工業化程度大幅提高，對我國職業結構和社會階層有很大的影響。我們首先應該了解一下這三十年來職業改變的狀況。

從表5可以了解，過去的三十年間，我國職業人口有幾個重要變化：第一，在民國 42 年，即經濟發展第二階段開始的一年，仍以從事農林漁牧工作的人為最多，約佔55%，其次是生產運輸及有關工作人員，約佔 20%，但到 72 年，剛好倒轉過來，生產工作人員佔第一位（40%），其次為農林工作人員（18%）；在絕對數字上，農林工作者 72 年只有 42 年的 80%，生產工作者卻增加為 4.80 倍。這顯然是

表 5　三十年來就業人口的職業變遷

單位: 千人; ％

	專門技術人員	行政主管人員	監督佐理人員	買賣工作人員	服務工作人員	農林工作人員	生產工作人員	總　計
民國 42 年	79 (2.67)	8 (0.27)	176 (5.94)	295 (9.96)	180 (6.08)	1,628 (54.96)	596 (20.12)	2,962 (100.00)
民國 52 年	149 (4.15)	13 (0.36)	272 (7.57)	324 (9.02)	232 (6.46)	1,755 (48.84)	848 (23.60)	3,593 (100.00)
民國 62 年	266 (4.99)	33 (0.62)	561 (10.53)	647 (12.14)	363 (6.81)	1,612 (30.24)	1,848 (34.67)	5,330 (100.00)
民國 72 年	412 (5.83)	62 (0.88)	953 (13.48)	933 (13.19)	557 (7.88)	1,295 (18.31)	2,860 (40.44)	7,072 (100.00)

資料來源: 71 年，72 年統計提要: 106-107；《就業市場季報》，民 73: 11❺。

42│72 淨增長								
人數[a]	333	54	777	638	377	負333		2,264
％[b]	421.52	675.00	441.48	216.27	209.44	負20.45		379.87
百分點[c]	3.16	.61	7.54	3.23	1.80	負36.65		20.30

說明:　[a] 各欄數字均係以 72 年減 42 年所得，僅農林爲負值。

　　　　[b] 各欄以 [a] 列人數除以 42 年人數所得增加百分比。

　　　　[c] 各欄均係用 72 年就業人口百分比減 42 年百分比之結果。

　　　　[d] 欄爲淨增長率，負值爲萎縮率；[e] 欄爲再分配指數❻。

職業上的一大轉變，也是工作上的一大轉變。第二，行政及管理人員增加最快，72 年爲 42 年的 7.75 倍，然後是專門技術人員的 5.22 倍，與監督佐理人員的 5.41 倍，　都是因應職業本身的需要，　使得從事這類工作的人特別快速增加；反過來看買賣、服務人員的增加比例，就

❺　經建會人力小組，民 73a。前述 69 年普查資料與此頗多不同（同上書，250 頁）。

❻　廖正宏，民 65: 71-104。文中曾就淨增長率及引起職業改變的因素作詳細的分析。

比較緩慢，這是由於工業化初期過程及臺灣社會原來就以零售業工作人員較多的緣故。第三，就 42~72 年的淨增率而言，以行政主管人員 675% 為最高，其次為佐理及專門人員，分別為 441.48%，421.52%，再次為生產人員 379.87%，最後為買賣 (216.27%) 與服務 (209.44%) 人員，這些都具有高低不一增長的職業；農林工作人員則為負成長 20.45%，為萎縮中的職業。農業的再分配指數百分點負 36.65，即可以在其餘六類職業中求得。這可幫助了解職業的再分配。第四，就職業轉變而論，一方面固然因需要量而增加或減少，另方面也可能受到個人職業興趣以及職業聲望的影響，顯示社會價值有強調專業、高等技術、管理人才的傾向。第五，從 42 年開始，工業發展的三個階段來看，前三種職業，也可能是職業聲望較佳的職業，維持著比較穩定的成長比例，尤其在後二十年間；後四種比較不穩定，但最後二種增減的幅度比較大，即農林部門大幅降低，生產部門大幅增加，52~62 年間，兩者增減幅度尤大。真正萎縮的職業，則只有農林人員一種。這正表示不同職業部門間成長或萎縮的現象。

這種職業變化情形，可能受到一些因素的影響，例如，就業市場、職業消息、社會對職業評價、個人教育程度、家庭社會背景、技術知識和訓練等。其中有些變數可能直接影響對職業的取捨，如缺乏技術、知識的偏向於體力工作，具有高教育程度、高技術的偏向於白領階級工作；反過來，要求較高教育程度、知識、技術的職業，收入多半較好，職業聲望也比較高。這種情形就會影響不同職業間的流動，特別是勞力工作部門流向非勞力工作部門，如藍領階層流向白領階層；低聲望職業流向高聲望職業，如佐理人員流向管理人員，或專門人員與行政人員間對流；當然，有時候也許不得不向低流。我們在研究工廠青年的職業選擇時，就發現有各種流動的方向，勞工類有 22%

希望流入專門類，而專門類也有15％不得不流入勞工類（見後節職業
聲望）。農村青年雖不完全相同，但也有不少類似的情形（吳聰賢等，
民 72: 94-96）。分析職業變遷，還可以從世代間、個人職位等方向討
論，但本文似不應再予擴大。

　　單純從就業者的教育程度而論，也大致可以了解就業人員的知識
水準有增加的趨勢。如下表 6 很明顯的，不識字、自修、小學三種就

表 **6**　*就業人員教育程度的改變情形（％）*

	不識字	自修	小　學	初中(職)	高　中	高職	專科	大學	總計
民國56年	18.90	3.26	53.74	11.74	2.96	5.47		3.93*	100.00
民國62年	14.60	4.39	50.42	13.59	3.75	8.13		5.12	100.00
民國67年	8.56	3.23	45.69	17.35	6.07	10.61	4.25	4.24	100.00
民國71年	6.34	2.55	39.12	19.35	7.22	14.29	5.85	5.28	100.00

　　資料來源: 民國 72 年《勞工統計年報》: 57。
　　　　　　 * 66 年以前大專合併計算，67 年才分開。

業人員在逐年降低，初中至大學則逐年增加，雖然增減的速度並不太
快，如小學程度的減得太慢，高職、專科的增得不夠快。這種情形跟
我們的工業結構和教育制度有很密切的關係，我們的初級工業可以容
納大量小學、初中程度的人就業，不必要太多的知識和技術；我們的
義務教育和職業教育制度，以及企業的經營方式，又使技術訓練停留
在某一階段，無法突破。從職業與教育程度的交叉分配，就更容易了
解上述狀況，如下表 7 。

　　表 7 有幾個比較特殊的現象：(1) 專門及技術人員的學歷條件多
在大專以上，越到後來，這種條件的人越多，佔72％，其餘各種學歷
有普遍遞減的現象。(2) 行政及主管人員，初期以小學程度為最多，

表 7 就業人口之職業按教育程度分（%）

	年別	不識字	自修	小學	初中(職)	高中	高職	大專以上
專門及技術人員	56	0.4	1.0	8.7	9.7	9.7	33.3	37.2
	62	0.0	0.4	8.0	9.6	8.0	26.5	47.5
	72	0.2	0.2	2.6	3.0	6.8	15.0	72.2
行政及主管人員	56	4.1	3.4	39.3	13.1	9.0	12.4	18.7
	62	0.8	0.8	27.8	15.0	9.5	18.3	27.8
	72	0.0	0.0	12.9	4.8	14.5	21.0	46.8
監督及佐理人員	56	0.3	1.3	14.9	22.2	18.6	26.5	16.2
	62	0.4	0.8	12.8	19.2	15.4	33.6	17.8
	72	0.3	0.2	8.7	9.3	14.3	34.9	32.3
買賣工作人員	56	16.1	4.2	52.7	16.3	4.6	4.6	1.5
	62	13.4	3.6	50.3	16.9	5.1	8.5	2.2
	72	5.8	1.7	36.1	16.4	11.0	17.9	11.1
服務工作人員	56	18.7	5.6	53.9	11.4	2.6	5.2	2.6
	62	13.9	5.4	54.2	12.2	3.4	7.5	3.4
	72	7.5	2.5	42.7	19.0	9.3	14.7	4.3
農林漁牧人員	56	29.0	3.7	60.2	5.7	0.4	1.0	0.0
	62	30.7	7.9	52.2	6.8	0.8	1.3	0.3
	72	18.9	5.9	55.0	12.7	1.6	4.9	1.0

生產及	56	12.3	3.3	64.8	14.1	1.8	3.0	0.7
運輸人員	62	7.6	2.6	62.5	18.6	2.4	5.6	0.7
	72	4.7	1.6	44.0	28.4	5.5	13.4	2.4

資料來源: 因無現成資料可用，也無法用年平均值， 3 年資料來源不同:
56年為《臺灣省勞動力調查報告》17期，56年10月;
62年為《臺灣地區勞動力調查報告》41期，62年10月;
72年為《中華民國勞工統計月報》12期，72年10月。

後來只以大學以上程度佔多數，小學以下學歷遞減，高中以上則有遞增現象。(3) 監督及佐理人員則以高職出身者為最多， 高中以下遞減，高職以上則有漸增的趨勢。(4) 買賣工作人員、服務工作人員、農林工作人員、生產運輸工作人員均集中在小學程度，雖然小學以下有漸減的趨勢，初中程度增加的幅度大些，但學歷普遍偏低。(5) 如果以買賣工作人員的初中（職）學歷為基點，我們可以發現，從56至72年，它的比例沒有變，始終維持16%左右。它的上面三類職業，專門、行政、監督人員，高職以上，因時間而漸增，高中以下，因時間而漸減，這顯然也與職業聲望有關係，在職業聲望調查中發現，這三類職業聲望較高。它的下面三類職業，服務、農林、生產工作人員，初中以下漸減，高中以上則漸增，雖然增加的速度非常緩慢。(6) 事實上，我們可以把高中以上視為較高學歷，初中義務教育以下視為較低學歷，則可見我們的職業結構有要求較高學歷的趨勢。不過，這究竟是職業本身的要求，還是人事制度所造成的現象，恐怕需要作進一步的分析和研究。就事實而論，這種職業在教育程度上變遷現象，跟職業聲望的高低，有相當高度的一致性。

多少年來國外的研究結果，以聲望高低排列，大致依次為專業技術、行政管理、佐理、買賣、服務、生產、農林;國內的研究，則行

政管理提升爲第一位，其餘依次爲專業技術、農事、佐理、生產、服務、買賣，與國外比較，有相當大的差距，不知是受了社會價值的影響，還是受了發展條件的限制？例如以中、美、捷克作比較，中、美前五類職業聲望高低順序完全相同，即專業、政治、白領、技術工、非技術工；捷克則爲專業、技術工、政治、白領及非技術工[7]。明顯是受到價值觀念或制度的影響。

以單一職業項目而論，現有的資料顯示（廖正宏、何友暉，民58：151-156；Grichting, 1971：67-80；見後節職業聲望），自民國58年以來，變動似乎不大，科學家、大學教授、醫生、省主席、工程師等，多半是高聲望的前幾名，中間以白領階級人員爲多，最後則爲非技術勞工。以60年及68年的研究做比較，最明顯的有兩點值得注意：一是省主席由60年的第十位（平均分數76分）升爲第一位（91.2分），可能是由於這個職位越來越重要，也可能是樣本的偏差；二是影歌星的聲望次序幾乎沒有什麼變動，分別由原來的第100位影星（47分）、第110位歌星（41分）變爲現在的第78、82位（演員48.9、歌星45.7），似乎錢賺了很多，地位卻一直提升不起來。

職業的好壞，事實上並不是職業本身的好或壞，而是職業所需要的條件以及它所帶來的結果。我們在前面分析過，好的或聲望高的職業，多半需要較高的學歷和技術知識，以及長久的職業過程；它的結果也多半就是社會地位高、收入好、工作穩定等。因而影響職業的變項，就多半顯示在職位的高低、權力的大小、收入的多寡（Lipset & Bendix, 1966；見後節職業聲望）。

---

[7] 見後節職業聲望；又見 Roger Penn (1975: 352-364)。這種比較並非全部職業聲望，而係選取其中若干項，分爲五類，故排名順序與全部稍有出入。

　　知識程度、社會地位、財富、政治權力實際已不僅是判斷職業的標準，也是社會階層化的基本條件。擁有這些資源較多的，他的社會階層就會較高；資源較少或缺乏的，階層就會較低。中國古代士農工商四種職業，其實也就是四個階層，士還可以為仕，可能出身於地主，他們擁有財富、權力、知識、聲望都較多，所以一直是享有最高社會地位的階層；農工商三階層不是那麼有順序，一般需視其所掌握資源的大小而定，有時地位會高些，有時又低些。現代工商社會由於分工的專業化，每一種職業所能掌握或分配到的稀有資源往往有限，有些特殊的職業又獲得特別多，因而很不容易把這種權力、財產分配現象簡單化，大致是把收入、職位、教育程度、聲望的綜合狀況加以分類，簡單的可以分為上、中、下三類，複雜些可以有各種各樣的分劃方式❽，下面我們試著把它們分成八類（表 8）。因而也可以了解，職業對社會的階層化起著很大的作用。

　　表 8 的分類牽涉到聲望、權力、財產三個層面，也即是三種稀有資源的分配，這也是韋伯以來（Weber, 1946: 180-195），向為大家所使用的社會階層指標。綜合起來計算，就職業的社會地位、職業對社會的影響、和職業受社會重視的程度而論，這八類似乎仍然可以分成三大類：第一類是上層階級，包括 A、B 兩類及 C 類的部分職業；第二類是中層階級，也可以說是普通所說的中產階級，包括 C 類部分職業以及 D、E、F、G 各種職業，這部分人數最多；第三類是低層階級，包括 H 類的職業，人數不算少。到目前為止，我國沒有這類統計數字，以美國為例，1960 年代是高階層佔 1％，中階層佔 43％，低階層佔 56％（Kerbo, 1983: 266）；到 1970 年代，美國的中產階級

---

❽　如把它分成上上、中中、下下等九類；上、中、勞工、下四類；或上上、上中、中上、中中、下上、下中六類，這要視研究者的需要而定。

表 8 社會階層的類型：以職業爲標準[9]

聲　　　望　　　高		聲　　　望　　　低	
權　力　大	權　力　小	權　力　大	權　力　小
A (1)大企業董事長 (2)大企業總經理	**C** (1)有成就的醫生 (2)有成就的藝術家 (3)銀行總經理 (4)大型工廠廠長 (5)成功的律師 (6)成功的會計師 (7)成功的文學家	**E** (1)黑社會領袖	**G** (1)有成就的影、歌星 (2)商店老板
B (1)中央各院部會首長 (2)大法官 (3)中央民意代表 (4)省主席、特別市市長	**D** (1)有成就的教授 (2)有成就的科學家 (3)有成就的工程師 (4)高級公務人員 (5)中、小學校教師 (6)一般藝術家 (7)新聞工作者	**F** (1)基層公務人員	**H** (1)勞工 (2)農民

大約增加爲 50% 左右，低階級約爲 49%。以我國目前工業化程度與美國作比較，我國的中產階級可能佔 40% 左右；又由於我國貧富差距較小，權力分配較特殊，影響聲望的因素較複雜，上等階級的比例

---

[9] Goodman et al., 1978: 239. 各欄內職業則依照作者在民 71 年所作職業聲望研究予以考慮（見後節職業聲望）。

可能高達 3 ％左右；下階層也許就是57％。不過，這只是一種估計數字，完全沒有實徵資料。

　　最少可以肯定的是，經過幾十年來的工業化過程，不但原有農業社會的組織已經遭到破壞，地主階級蕩然無存，就是原來區分士農工商職業的界線也完全變了。工業社會的階層現象幾乎完全建立在職業的基礎上，而財富、權力、聲望以及與這三者有關的若干指標，如職業的社會地位、收入、教育程度又成爲重要的影響因素。如果把現有的社會階層分爲上、中、下三個等級，則職業聲望高、收入多、權力大的職業，或三者兼具，或兼具一、二，均有可能屬於上層階級；其餘則可能爲中產階級，或勞工階級。依照已工業化國家模式推測，中產階級和勞工階級的人數將會越來越多，兩個階級也將可能成爲社會發展的中堅份子⓾ 。

四　變遷中的規範與社會關係

　　在中國農村社會，一種爲大家所理解並共同遵守的生活方式是，個人、家、族、村莊形成一個互相依賴的共同體，彼此間雖仍有親疏之別，但基於同質性甚高的價值觀念和道德規範，個人的行動不僅容易爲大家所接受，而且容易爲別人所預知。提高行動的預測能力，事實上也等於提高了個人間或羣體間的信賴程度，間接就增加了社會的團結或整合。我們現在懷念當年農村社會的低犯罪率和高整合性，實際得力於共同支持的規範和價值體系。在工業社會中，不僅個人的觀念和行爲產生轉變 (Goods, 1976)，就是在家庭關係、社會關係上，也產生衝突或變化而形成新的行動模式（文崇一等，民 64: 72-3）。

⓾　蕭新煌先生特別提醒強調中產階級和勞工階級。

這也許就是工業社會的特色。

　　家，在那個時候，擔任過重要的角色。從人的出生一直到成年，把一個生物人訓練爲社會人，然後每一個人依照沿襲下來的習俗而行動。誰要違反習俗，家、族、村裏人都可經過某些現成的管道加以干預或指責，就眞的變成十目所視、十手所指的罪人了。這種制裁方式很有效，不要說作奸犯科，就是小流氓也不易做得成。幾千年的中國農村社會，至少自儒家倫理成爲行爲規範以來，就是在這種基礎上穩定下來。

　　然而，臺灣這幾十年的工業化，卻把原來農村社會的結構基礎動搖了。我們終於不得不承認，新的技術和工作的專業化不僅創造了工業團體、擴大了城市範圍，也迫使社會關係和規範與價值體系必須重新調整，以適應當前及未來的工業文化。最粗淺的說法就是，原來的家、族、村莊都遭到某種程度的破壞，依附於家、族、村莊種種規範和價值，也失去了預測行爲的能力，甚至根本不管用了；親密親友的初級關係正在降低或消逝中，我們在住所、工作、社交場所所遇到或見到的，多半是一些旣不能交往，又無法信任的陌生人；生活在這種旣冷漠又陌生的環境下，卽使不是疏離感日趨嚴重，也是羣眾中的孤獨人。

　　影響這種人際關係的因素很多，大致可分爲兩大類：一類是屬於環境方面的，如城市化擴大和居住公寓社區、工廠中的集體生活、職業和生活上的流動性增加；一類是屬於組織方面的，如職業種類的分化、利益團體的複雜化、社交的多樣化。我們在一個工業化的農村中發現，「水田很快蓋成了工廠，荒涼的山鶯路兩旁盡是商店；陌生人進來了，許多陌生的觀念和行爲也進來了，社會關係自然有些改變。正如村長說的，以前在路上碰到的人，立刻可以打招呼，叫出他的名

字；現在不同了，簡直不知道他什麼時候搬進來的」。有人把土地賣了，遷居別的地方；有人從農轉爲工，離開了原住地。「工業區增加了青年的就業機會是毋庸置疑的，同時也改變了若干價值觀念，特別是對工作的選擇能力，接受新的職業訓練，以及與不同次文化的人羣互相適應等。有人說，男孩子一大就進了工廠，免得在社區裏成羣結隊的打鬥；不過也有人認爲，許多外地青年租住社區中，良莠不齊，容易發生問題，有時不祇把家庭氣氛破壞了，把好人也帶壞了」。這個社區中，新遷入的和世居此地的居民，在社會關係或鄰居關係上有很大的差別，即前者的關係較疏離，後者較親密（文崇一，民 65：44, 48）。在另一個農村裏，由於「竹村附近設立許多工廠，特別是電子工廠，女性在工廠工作的時間固定了，男性無論在礦山或田間，工作時間卻並不那麼固定。……男人已經不得不在下午爲家人預備晚餐和看護小孩了，這時，他的妻子或兒女還在工廠裏工作。對於這種角色的轉換，沒有人提出怨言。這不能說是小事，而牽涉到傳統行爲改變的大問題。也許可以說是『錢』的現代性」（文崇一，民 67a：711）。這就使得我們的社會關係面對一些新規範和新價值的選擇和挑戰，我們要接受什麼？拒絕什麼？改變什麼？以塑造工業社會關係中的規範與價值觀念。

我國人民原來是聚族或聚幾個族定居在農村中，很少遷徙流動，工業化後，這種情況已經遭到極大的改變，都市化範圍擴大和都市人口增加是其中重要原因之一。根據資料顯示，臺灣兩萬人以上的都市人口，民國 41 年佔總人口的 47.6%，51 年爲 52.0%，61 年爲 61.1%，65 年增爲 66.3%，到 69 年已達 70.3%[11]。這種兩萬人以上的都市，

---

[11]　經建會住都處，民 67：50；經合會都市發展處，民 61：2-5。蔡青龍，民 71；陳小紅，民 73。各種資料的數字有出入。

61 年有六十七個，69 年增至九十個（蔡青龍，民 73：225-6）；特別是一些十萬人以上的都市，如臺北市、三重、基隆等地，不但已到了非常擁擠的程度，而且有非常高的流動率，與已開發工業國家的都市特徵相當一致。這些人白天在高樓大厦或街頭巷尾工作，晚上住在公寓裏，無論是十多層的豪華公寓，還是四、五層的平價公寓，工作和居住的特徵是差不多相同的，同事只有事務上的交往，鄰居不相聞問。這些人可能來自不同的地區，使用不同的方言，甚至具有不同次文化體系，然而住在一個屋子裏。這種居住的生活方式，顯然跟原來的聚族而居完全不一樣，不一樣的特徵就是：陌生、不往來；高密度各戶獨居，在社區中孤立；不同的方言，次文化的異質性。這不僅增加了居民對社區、羣體的疏離，也使個人對原有的規範和價值觀念產生懷疑，他們幾乎不容易用原來的模式行為去處理日常生活。通常觀察到的，如在社區裏放鞭炮、裝擴音器辦喪事、一言不合就動刀槍，諸如此類，都是無視於他人的存在，就像住在農村的壙野裏。他們生活在陌生的都市社區，失掉了原有的一切依靠；必須尋求更合適的生活方式，可能是更愉快的生活經驗，才能重建社會關係。而新的社區組織、社區意識、社區規範，乃至社區環境究竟是什麼？當傳統的家族和村莊拆散了，傳統的規範和價值不能完全通用時，這羣公寓社區居民就眞的不知道行為的標準在那裏，行為的目的是什麼了。這樣的都市裏的鄉下人，早期教養好的，就為生存而安居樂業；教養不好的，就難免不為非作歹了。這就是生活目標和達到目標的制度化工具不能協調所產生的結果（Merton, 1967：140-157）。

　　規範，無論是法律還是風俗習慣，都是用來約束或鼓勵人的行為。由於工業社會所要求的行為方式不同於農業社會，社會規範顯然必須作某種程度的調整，才能符合實際需要。我們曾經試圖用圖 2 方

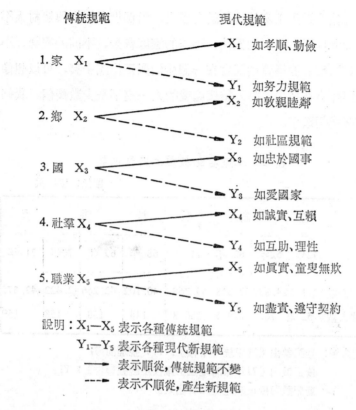

圖 2　社會規範間關係

式來解釋傳統規範在工業社會的適應性和可變性。

　　傳統的農業社會中有許多家規，現在工業社區可以用的，如勤儉之類，但也產生了新的家規，如找一個好的職業；其餘鄉規、國規、團體規範、職業規範，均可以保留一些，又增加一些新的規範。多少年來的變遷趨勢，正是朝着這個方向發展。

　　工廠的集體生活方式，對青年人必然產生極大影響。這些人個別來自農村或小鎮，剛畢業於國小或國中，年紀輕，不僅涉世未深，而且對工廠的工作和生活毫無經驗和認識。他們的目的多半是爲了賺取

工資，當他們進入工廠的時候就會發現，這個世界原來與農村大不相同：不同的地區，不同的個性，不同的家庭背景，不同的觀念，不同的出身。這麼多的異質性混合在一個生活與工作圈子裏，可以想像得出來，困難會有多少。陷入這樣處境的人一定不是少數幾個。我們可以先了解幾個數字。

表 9 *工廠登記數與工廠校正數*

單位：家；萬人

	登	記		數	校	正		數
	42年	52年	62 年	71 年	68 年	69 年	70年	71 年
工 廠 家 數	12,175	24,837	32,318	59,768	40,102	42,266	42,422	42,575
員工總人數	52.2	76.4	179.5	280.8	148	158	158	159

資料來源：登記數由《71年統計年報》：174 整理而得；
校正數由《71年臺灣地區工廠校正調查報告》：11。
登記數與校正數之間頗有出入。

上述各種數字未必十分正確，但從 42-71 年的 30 年間，工廠由一萬家左右增加到四、五萬，工人由五十萬左右增加到一、二百萬。這些人很可能來自一百多萬個家庭中，地區散佈之廣，以及影響之大，當可想而知。最重要的還是自民國 50 年開始開發的幾十個工業區、加工出口區、農村工業區、專業工業區、綜合工業區等（范愛偉，民 65）。這些工業地帶，不只是工廠集中，工人的居住和生活也相當集中；他們離開家，離開村莊，在生產線工作，在宿舍裏休息，在大餐廳中用餐，成羣的逛街和買日用品，有時候也成羣的去旅遊。他們幾乎從沒有這種經驗，更不用說這樣的工作規範和價值觀念了，許多

表 10　全國社團與成員數

	全　　國　　性		地　　域　　性	
	社　團　數	會　員　數	社　團　數	會　員　數
39年	61	17, 152	1, 530	938, 732
42年	131	45, 910	3, 692	1, 200, 874
52年	301	208, 749	4, 929	2, 192, 446
62年	684	387, 070	5, 778	3, 157, 184
71年	930	1, 237, 362	8, 130	4, 165, 535

資料來源：《71年統計提要》：690，其中團體會員數省略。
71年資料中包括職業團體和社會團體二類，前者以工會佔多
數，後者以公益團體佔多數。

工廠管理的問題，也就是這樣產生的，生活者和管理者面臨同樣陌生的處境，又沒有可供彼此良好溝通的橋樑。公司和商店員工所面對的問題，沒有什麼差別，祇是不像工廠人那麼集中而已。如果工會、商會健全，如果興趣團體能有效運作，如果許多次級團體或小團體加速成長，也許可以替代原來的初級關係，逐漸建立新的職業規範，則新的社會秩序就容易穩定下來。

　　我們都知道，由農業社會轉變為工業社會，各種社團是很重要的；當許多初級關係無法在工業社會中繼續運作時，只有靠次級社團來建立次級關係了，否則，個人將產生行為上的調適問題。

　　我們究竟有多少社團呢？

　　由表 10 觀察，社團增加相當快速，人數的增加也相當多。到 71年，全國共有社團九千多個，成員五百多萬。但是，我們很清楚，臺灣的社團多半停留在開年會、選理監事的階段，沒有什麼真正社團聚會、討論、聯誼之類的活動，如工會、農會、商會，如學術會、宗教

會、婦女會。至少在目前，都無法爲工業社會人羣建立有效的次級關係。事實上，根據已有的資料來看，社區居民參加社團活動的頻率的確不高，以臺北市爲例，73 年北三區的資料顯示，居民曾經參加社團活動的祇有 34%，未參加的佔 66%（文崇一等，民 73：139-42，198-200）；74 年全市的抽樣結果，參與社團活動的也祇佔 36%，從未參加的有 64%（文崇一等，民 74）。可見居民對社團活動的興趣不大。在這種情況下，即使有很多的社團，功用也未必很大，何況如上表所列，全國性社團平均每單位有 1,330 人（71 年），地域性有 512人（71 年），如何有效利用以增進人際關係，確實成了一個大問題。不過，依 72 年的調查資料，居民願意參加社團活動的有 68%（城市爲 73%），不願意的祇 32%（城鄉有差異）⑫。顯然，實際行動和意願之間，有相當大的差距，這究竟是什麼原因造成的？社團活動推行不得當，還是不符合居民的需求？

社團不能有效運作，也就影響到個人的社交和休閒生活。我們的應酬方式，似乎仍然集中在飲食方面，談生意要上餐館，有朋自遠方來，也是上餐館。這跟傳統文化有很高的延續性，幾十年的工業化生活，不但沒有簡化，反而增高了頻率，提高了品質，也就奢侈得多了。

在休閒方面也有延續傳統的傾向。我國人一向把工作當作最重要的任務，休閒實際是強調休息，而休息是偷懶的行爲，所以大家都努力工作，傳統社會如此，現代的工業社會似乎也是如此。因此，即使有些休閒活動，也是偏向於單獨的、靜態的方式，而不與其他羣體或他人發生太多的關係。如表 11 是兩個例子。

---

⑫ 文崇一等，民 73。主計處的一項調查，以工作爲區分下，人際關係滿意的佔 49%，尚可的佔 46%，不滿意的只有 5%（行政院主計處，民71：29）。

表 11　休閒活動頻率最高前五種

項目 (A 青年工人 67年)	男(N=351) 順序	平均數	女(N=474) 順序	平均數	項目 (B 臺灣省居民 70年)	男 順序	平均數	女 順序	平均數	項目 (C 臺北市民 73年)	男(N=268) 順序	平均數	女(N=234) 順序	平均數
看報	1	2.78	1	2.70	看電視	1	23.10	1	31.66	看電視	1	3.70	1	3.76
看電視	2	2.50	4	2.34	閱讀	2	12.96	2	10.77	看報	2	3.57	2	3.20
電視新聞	3	2.39			看電影	3	8.27	3	9.61	聊天	3	2.88	4	2.62
看電影	4	2.28	3	2.37	聽音樂	4	7.07	4	8.85	聽廣播	4	2.49		
家務	5	2.27	2	2.44	郊遊	5	6.31	5	8.41	拜訪親友	5	2.13		
讀雜誌			5	2.33						家事			3	2.97
										拜廟			5	2.45

資料來源⑬：《青年工人的休閒問題》：250；《提高臺北市舊市區生活品質之策略》：120；《臺灣省民衆休閒活動概況調查報告》：4-5。

⑬　文崇一，民67b：243-259；文崇一等，民73；臺灣省政府主計處，民72。行政院調查的結果，看電視也佔65%，閱讀書報雜誌13%（主計處，民71：294-5）。

三種人的休閒方式，差別實在不大，特別是B類與A、C兩類的調查項目本來就不一致，最重要的是集中在傳播媒介方面，尤其是報紙和電視。雖然是不同的樣本，但自67-73年的變化，似乎不大。一直都沒有什麼特別的休閒活動，跟傳統坐下來休息，實在沒有什麼兩樣。這樣就減少了人際間的互動關係，但也可以了解，爲什麼電視、報紙有升高的趨勢，如下表。

表 12 報紙、電視分配數

	53 年	62 年	72 年
每千人份報紙雜誌	37.4	76.2	169.0
每千戶架電視	14.3	738.3	1,036.6

資料來源：經建會人力小組，民 73b: 14。

與工業國家相比，這些數字不算太高，但增加相當快，特別在電視方面。這可以解釋爲可資利用的程度較高或較方便，另方面也可解釋爲符合國人的休閒傳統。一些資料顯示，休閒活動雖不多，休閒滿意度卻相當高。這是爲什麼？我們可以假定，大多數市民的工作時間均很長，工作之餘，能坐下來休息，看看電視或讀讀報紙，就很滿足了。所以，工業化過程雖已經幾十年了，我們在應酬、社交、休閒方面，似乎沒有什麼大問題。

工業化的結果，重建社會關係的問題，主要在於傳統農業社會的家、族、村落，以及傳統模式行爲的規範和價值受到影響，而都市社區、職業生活、次級社團的新規範和價值觀念，又尚未塑造定型。我們應該如何面對問題，設法調適，可能是建立未來社會秩序的重點工作。

五　結論

我們已經從三對關係來分析工業化和社會變遷間的互相影響作用，即技術對價值變遷，職業變遷對社會階層，變遷中的規範對社會關係。我們發現新的技術、職業、規範對我國傳統社會的若干制度、價值觀念、社會關係，的確產生很大的影響，甚至產生了危機。

我國傳統社會的家、族、村莊有它原來的家規、族規、道德規範，那時候的行為模式，不但容易理解，而且容易預期；那是經過長久時間教養出來的。工業化後，居所變了，工作變了，社交方式變了，想法變了，許多關係也變了；但大多數城市裏的鄉下人不知道如何處理他們的困境。很明顯的，我們這個社會當前急需重建的是，工業社會的生活方式，或者說中國人的工業文化。

西方人有家，中國人也有家；西方人有社區，中國人也有村莊。西方人傳統的家和社區功能沒落後，還有宗教和新社區意識替代；中國人不知可用什麼來應付這種危機？這的確是一種隱憂。

工業化的兩種最大動力，就是技術變革和制度變革，這種變革自然會給予價值體系和行為模式的很大衝擊，也就是使原有結構不得不設法應付或調適。調整的結果，就是我們通常所說的社會變遷。社會會變到那裏去呢？外來力量的大小是一種因素，內在文化結構也是一種因素，如果文化中應付危機的彈性足夠的話，就必然可能重建新的工業文化模式。為了應付外來技術和觀念上的壓力，我們建立了某種程度的新的工業體系，這也相當程度的應付了內部結構的轉變，這是經濟發展的模式；下一步我們就必須準備在政治和社會體系上作較大的轉變，否則就無法承受工業文明所帶來的鉅大挑戰和壓力，更無法完成中國式工業文明。

參 考 書 目

文崇一

　　民 65　　〈岩村的社會關係和權力結構：一個農村的工業化與社區生活〉，
　　　　　　《民族所集刊》42: 44、48。

　　民 67a　〈竹村的社會關係和社區權力結構：一個變遷中的農村社會〉，
　　　　　　《中研院成立五十週年紀念論文集》: 711。

　　民 67b　〈青年工人的休閒問題〉，《民族所專刊》24: 243-259。

　　民 68　　〈地區間的價值差異〉，《陶希聖先生八秩榮慶論文集》736-760。

文崇一、張曉春

　　民 73　　〈青年工人的職業選擇〉，青輔會，《青年人力研究報告》35: 51-
　　　　　　54。

文崇一等

　　民 69　　〈農民傳統行為對農業共同經營之影響〉，《民族所集刊》49: 1-
　　　　　　114。

　　民 64　　《西河的社會變遷》，《民族所專刊》乙種之 6。

　　民 73　　《提高臺北市舊市區生活品質之策略》，臺北市研考會。

　　民 75　　《臺北市新興工商地區與老舊地區生活品質的比較》，臺北市研考會。

中華徵信所

　　民 63　　《臺灣區大型企業研究》: 6。

行政院戶口普查處

　　民 71　　《中華民國六十九年臺灣地區戶口及住宅普查報告》: 246。

行政院主計處

　　民 72a　《中華民國七十一年統計提要》。

　　民 72b　《勞工統計年報》: 50-51。

　　民 73　　《臺灣地區人力運用調查報告》: 4。

李約瑟

　　　　　　《中國的科學與文明》第 2 冊。臺北：商務。

李國鼎

　　民 64　　社會與人文科學家在國家建設中所能扮演的角色，《思與言》
　　　　　　13(1)：1–6。

吳家聲

　　民 66　　〈臺灣地區技術進步與經濟發展〉，《臺灣銀行季刊》28(1)：19–
　　　　　　20。

吳聰賢

　　民 72　　〈農村青年職業興趣、工作價值與職業選擇之關係研究〉，《青輔
　　　　　　會人力研究報告》之 31。

林照雄

　　民 67　　〈臺灣工業化過程之研究〉，《臺灣銀行叢刊》18(4)：96–97。

范愛偉

　　民 65　　〈我國工業區與加工出口區之發展〉，見杜文田編，《臺灣工業發
　　　　　　展論文集》：327–353。臺北：聯經。

　　民 72　　《當前經濟發展過程中之社會變遷及其因應措施之研究》，社區發
　　　　　　展中心，103–104。

施敏雄、李庸三

　　民 65　　〈臺灣工業發展方向與結構轉變〉，經濟所，《臺灣經濟發展方向
　　　　　　與策略研討會論文集》187–207。

施敏雄等

　　民 71　　〈邁向均富：中華民國七十年代經濟社會發展展望〉，《臺灣經濟
　　　　　　叢刊》5：89。

孫震、李厚美

　　民 72　　〈臺灣工業發展之前瞻與回顧〉，《自由中國之工業》59(4)：1–11。

陳小紅

　　民 73　　〈都市發展問題〉，見楊國樞等編，《臺灣的社會問題》。臺北：
　　　　　　巨流。

經合會都市發展處

　　民 61　　《臺灣都市化研究》: 2-5。

經建會人力小組

　　民 72　　《人力規劃研究報告》 3。

　　民 73a　《中華民國臺灣地區就業市場季報》。

　　民 73b　《中華民國七十三年社會福利指標》。

經建會住都處

　　民 67　　《臺灣地區綜合開發計劃》: 50。

經建會經濟研究處

　　民 70　　《中華民國臺灣地區經濟現代化的歷程》: 1-16。

經濟部工廠校正小組

　　民 72　　《臺灣地區工廠校正調查報告》。

廖正宏

　　民 65　　〈職業結構變化之研究〉,《臺大農業推廣學報》2: 71-104。

廖正宏,何友暉

　　民 58　　〈今日中國社會職業等級評價之研究〉,《臺大社會學刊》5: 151-
　　　　　　156。

臺灣省政府主計處

　　民 72　　《中華民國七十年臺灣省民家休閒活動概況調查報告》(下半年)。

蔡青龍

　　民 71　　〈臺灣地區都市人口之成長與分布〉,見陳昭南等編,《社會科學
　　　　　　整合論文集》: 207-242。

F. R. Allen et. al.

　　1957　　*Technology and Social Change*. N. Y.: Appleton-Century-
　　　　　　Crofts.

W. I. Good

　　1900　　Industrialization and Famy Change (黃暉明譯, 1976, 香港
　　　　　　中文大學)。

N. Goodman et. al.

　　1978　*Society Today*, 3rd ed. N. Y.: Random House.

T. V. Gordon

　　1969　The Feedback of Technology and Value, in K. Baier & N. Rescher, eds., *Values and the Future*. N. Y.: The Free Press.

W. C. Grichting

　　1971　*Occupation and Prestige Structure in Taiwan*, 《臺大社會學刊》 7: 67-80。

B. F. Hoselitz & W. E. Moore, eds.

　　1970　*Industrialization and Society*. Mouton: Unesco.

H. R. Kerbo

　　1983　*Social Stratification and Inequality: Class Conflict in the United States*. N. Y.: McGraw-Hill.

S. M. Lipset & R. Bendix

　　1966　*Social Mobility in Industrial Society*. Berkeley: University of Calif. Press.

Robert Merton

　　1967　*Social Theory and Social Structure* (rev. & enl. ed.). N. Y.: The Free Press.

E. G. Mesthene

　　1970　*Technological Change-Its Impact on Man and Society*. Mass: Harvard.

Roger Penn

　　1975　Occupational Prestige Hierarchies: A Great Empirical Invariant, *Social Forces* 54 (2): 352-364.

Max Weber

　　1946　*From Max Weber: Essays in Sociology*, tra. & ed. by H. H. Gerth & C. W. Mills. N. Y.: Oxford.

臺灣的工業化與家庭
關係的轉變

一 敘言

工業化和都市化經常被描述爲影響現代人類行爲的重要因素，究竟如何影響，以及透過什麼產生影響，一直到現在仍然不十分清楚，雖然已經發現了一些變遷的現象，例如技術、制度和價值間的轉變關係 (Baier & Rescher 1969; Allen 1957; 文崇一，民68；民69)，科技、工業化和家庭變遷的關係(Ogburn & Nimkoff, 1955; Goode, 1970, 又見黃暉明譯，民65)。以臺灣的幾十年工業化而論，我們的確看到了一些因工業化或都市化而呈現的現象，產業結構的快速改變，家庭人口的越來越少，中產階級人數的快速增加，若干人際關係、價值觀念的改變等。可是，我們還是不太了解它們間的因果關係，以及爲何變成這樣的類型，而不是別的類型。

Ogburn 和 Goode 在分析科技或工業化與家庭變遷之間的關係時，提出了許多家庭變遷的現象和變遷的假設，但還是不敢肯定其間的單一或特定因素，因爲引發家庭變遷的原因總是多樣而複雜的(Ogburn & Nimkoff, 1955: 253-254)。Goode 的解釋雖然比較肯定，

但他也認為，無法確切證實，家庭變數和工業化變數之間，存在任何決定性的關係（1970：238）。事實上，Ogburn 偏重於科技與家內關係轉變的分析和討論，如夫妻關係、婦女工作、家庭人數越來越少、父權降低、家庭破裂增加等，家庭外關係討論甚少；Goode 偏重於工業化與夫婦式家庭體系的分析和討論，如夫婦式家庭較有獨立性、不受親屬干擾、親屬間交往受到階層的限制、婦女家內工作加重等，家庭內關係的轉變卻甚少討論。

我國社會科學界討論家庭變遷的論文也不在少數，雖然沒有提出技術或工業化、都市化作為分析的對象，但實際上是以現成社會為背景，作為觀察家庭變遷的依據，例如朱岑樓（民70：255-87）用 Ogburn 的模式，來測定家庭關係變化的項目；黃俊傑（Wong, 1981）用許多變數來驗證家庭類型的變化和不同變項間的分配。他並且在導論中就直接引用 Goode 的話，工業化和都市化會導致家庭模式變遷（Wong, 1981：2）。不過，黃俊傑認為，這種影響，對理想類型比實際類型要大（Wong, 1981：15, 38）。所以，他的分析重點在於家庭類型反映在一些變項上的結果，不同於朱岑樓着重於家庭人數多寡的討論。

一般而論，許多社會現象，我們雖然找不到直接證據，證明是由技術、工業化或都市化的影響而產生，但因它們的出現，而使某些行為的頻率增加，某些關係變質，某些問題更加嚴重，甚至結構改變，思想也改變，卻是事實。以臺灣為例，因工業化、都市化以及技術變革而引起的許多原來沒有的社會現象，已經非常明顯：產業結構的急劇改變，使工作人員不得不離開農村，而投入工業和服務業市場（行政院經建會，民 63：10）；都市化程度日益擴張，公寓不僅越來越多，而且越建越高，使居民幾乎沒有選擇的餘地，只能住進這種互相隔離的住宅，臺北市尤其如此；所得增加，教育程度提高，職業結構的改

變，使財富分配和社會階層產生極大的重新分配（行政院主計處，民
72：50-51；行政院經建會，民 70：1-16）；在新的技術條件、居住環
境、工作方式下，人民的價值觀念、生活規範、人際關係、乃至家庭
關係，似乎不得不設法調整了（文崇一，民69；民71；瞿海源、文崇
一，民 64）。這一類的變化，在從前的農業社會都不可能突然發生，
卽使是時間久了，有些改變，如價值觀念、生活規範之類，也不致在
行爲上產生不調適的現象。這究竟是工業化的直接後果，還是工業化
改變了社會環境而導致的間接後果，或是另有相關聯的因素？

　　在這樣的工業化假設基礎上，我們可以進一步來分析兩個問題：
一個是家庭內父母子女間的某些特定關係；另一個是個人與家庭外親
戚間的交往關係。前者，Ogburn 在他的著作中，僅提到父權低落，
沒有作更多的討論(1955：5-7)，這可能由於美國社會以夫婦爲主軸
(Hsu, 1971：11)，兒女結婚後都離開了，婚後父母子女間的關係，
就沒有太多的問題好討論。但在我國不然，不僅兒子在婚後可能與父
母同住，卽使不同住，他們間的關係也跟美國人不太一樣，許烺光把
這種家庭叫做父子軸 (Hsu, 1971：11)，我們希望了解，這種父子軸
家庭關係，經過幾十年的工業化後，有多少改變？

　　另一方面，Goode 認爲，在工業化過程中，中上階層，尤其是
上階層與親戚的交往最多，也有較多的互助行爲，下階層的親屬關係
則較少；這是因爲中上階層有較多的資源，用以抗拒來自工業化過程
的壓力，低階層則沒有這樣的機會 (Goode, 1970：244-245)。同樣的
意見也散見於他的別的著作中 (Goode, 1982：124-127, 190；1963：
12-13, 371-372)。這就是說，社會階層的高低對親戚的交往關係有差
別。

　　從上述兩方面的討論，我們可以對臺灣三十多年來工業化後的家

庭關係，作一些觀察。這種觀察可以提出兩個假設：

(1) 臺灣因為長久的工業化和都市化過程，家庭內的一些關係已經發生變化，這種變化可以從子女對父母的態度和行為上表現出來。

(2) 臺灣因為長久的工業化和都市化過程，家庭外個人與親屬的交往關係，受到階層高低的影響，高階層的人與親屬來往比較多，彼此間的互助也會多些，低階層則比較少。

為了驗證第一個假設，我們選擇了父母子女居住方式、奉養父母的方式、財產繼承方式以及日常生活上的聯絡方式四個指標。這四個指標仍以子女對父母的單向態度為重點，原因是這樣比較容易觀察轉變的現象。中國文化雖然強調父慈子孝的對等關係，但一般人的行為仍然着重在子女對父母的態度。自然，我們也可以選擇別的指標，或增加一些指標，這就要看研究者的興趣了。

對於第二個假設，我們主要是測量階層高低對親戚交往頻率上的差異，同時也將以鄰居、朋友的關係作比較，以便於了解變化的方向。中國人一向比西方人更重視親戚關係，這種關係會不會因工業化而產生重大改變？或者如 Goode 所說，高低階層有適應上的差別？

本文主要資料來自臺北市居民生活品質評估與策略研究。抽樣時控制性別、行政區、社會階層三個變項，分層隨機實抽樣本 1,197，其中高階層 252 人，中階層 440 人，低階層 498 人。階層係以里的職業、教育程度、房屋為評分指標，再在這些里中抽取所需要的人。

問卷資料原為居民生活品質而設計，本部分主要在於鄰里關係方面的檢討，家族、家庭關係只是其中的一小部分。因而在家庭關係方面的問卷題目，並不十分完整，而係就可用問卷，分析子女對父母的態度，以及親屬與階層關係兩個問題。有些時候，可能無法作進一步解釋，就是受到問卷資料的限制。

　　本文中所說的「家族」係我國固有「族」的意思，所說的「家庭」係「家」的意思，並不指別的任何意義，完全爲了行文方便起見。否則，就應直接用家和族二字。

　　這個研究的資料是來自一個集體研究計劃，參加的人除本人外，尚有章英華、張苙雲、朱瑞玲諸位博士，感謝他們允許我分析這些資料。陳孟君小姐爲我做多次電腦作業，在此併致感謝。

二　變遷中的家庭關係

　　家庭內的關係有許多種，父母子女是其中的一種，夫婦、兄弟、姊妹、妯娌等是另外的幾種。本文祇分析父母子女的關係，有兩個原因：其一，正如許烺光所說，我國是以父子軸爲主體的家庭結構，從傳統到現代的工業化社會，父子關係的某些改變，可能具有特別的象徵意義；其二，本文所用資料，在設計時並未特意要分析家庭關係，而係從鄉里關係的角度去了解，此處祇是把相關資料，再從家庭關係的方向加以分析，有時候也難免不受到一點限制。

　　父母子女的關係也牽涉到許多層面，從社會變遷的大處着眼，有兩類問題很重要：一是居住和生活的問題，二是如果離開了家，彼此間的聯絡問題。前者包括子女結婚後是否願意與父母同住，父母年老後的奉養方式，以及如何繼承財產。這三類關係，在我國傳統文化中都有一定的處理辦法，以確定家庭中的人際關係或關係距離，在工業化後的社會是不是有些改變？後者也包括三種方式，即如果不與父母同住，經常聯絡的方式是採取打電話，寫信或親自探訪？我們希望了解，從安土重遷的農村到高度職業流動的工業環境，居民將如何處理這種情緒上的問題。這些分析多半只是形式上的了解，屬於行動層

面，包括頻率和方式之類。在居住、奉養、繼承方式，以及電話、信件、探訪聯絡方式，二組六個依變項中，經以性別、年齡、教育程度、職業、社會階層爲自變項作卡方分析，除性別變項有 5 項未達差異的顯著水準，職業變項有 3 項未達顯著水準外，其餘各變項多達到.05 或.01 的顯著水準（見附表一），其中教育程度全部達到.05 以上顯著，年齡除二個變項（居住、探訪）外，其餘均達.01 的顯著水準（見附表二）。我們在這裏，只將社會階層上所顯示出差異的意義，作一些解釋，如下表。

表 13　居住、奉養、繼承在社會階層上的分配

	高階層	中階層	低階層	合　計	卡方檢定
(1) 與父母居住方式					
合　住	21.8 (55)	27.2(118)	36.0(178)	29.7(351)	$x^2 = 35.69$
分　住	42.9(108)	29.7(129)	23.7(117)	30.0(354)	$df = 4$
無所謂	35.3(89)	43.1(187)	40.3(199)	40.3(457)	$p < .001$
合　計	21.4(252)	36.8(434)	41.9(494)	100.0(1,180)	
(2) 奉養父母方式					
住養老院	2.0(5)	2.5(11)	.2(1)	1.5(17)	$x^2 = 23.52$
兒子輪流	28.3(70)	30.3(131)	30.2(148)	29.9(349)	$df = 10$
兒女輪流	20.6(51)	17.4(75)	17.3(85)	18.0(211)	$p < .01$
父母自理	10.9(27)	10.0(43)	8.2(40)	9.4(110)	
兒女出錢	19.8(47)	15.3(66)	14.7(72)	16.0(187)	
無所謂	18.2(45)	24.5(106)	29.4(144)	25.2(295)	

(3) 繼承財產方式

兒女平分	45.0(112)	32.7(141)	31.0(153)	34.6(406)	$x^2=17.24$
兒子平分	8.4(21)	10.7(46)	11.6(57)	10.6(124)	df＝6
長子繼承	.8(2)	.7(3)	1.6(8)	1.1(13)	p＜.01
無所謂	45.8(114)	55.9(241)	55.8(275)	53.7(630)	

表13就三類家庭關係加以檢定，均達到.01或.001的差異顯著度。第一是指婚後與父母居住情形，贊成合住或分住者，各佔30%。這一趨勢，主張分住的人顯然也相當多，因爲中國文化強調同居共財，不到不得已時，多不願分居。而40%的人無意見，可能顯示一種過渡期的態度，不大重視那種居住方式。去年做臺北市舊市區的調查，贊成合住(43%)的比例高於分住(36%)甚多，無意見的只有22%(文崇一等，1984: 135, 192-193)。另一個研究，項目不完全相同，仍以贊成合住的人數爲最多(45%)，分住的爲最少(13%)，其他幾種方式佔中間位置(文崇一，民72: 86)。這可能與因工業化而造成的都市化程度有極大關係，因爲前兩種研究樣本，一爲較落後的舊市區，一爲包括農村、鄉鎮在內的小市區，態度都可能比較保守；而臺北市的新興工商地區和住宅區，則適應的能力會比較大些，改變也就可能快些。

從社會階層的方向而言，由高階層而至低階層，合住的比例越來越大，分住的比例越來越小。即高階層贊成婚後與父母住在一起的人少於中階層，中階層又少於低階層，百分比由22高至27，再高至36；反過來，贊成不住在一起的人，高階層多於中階層，中階層又多於低階層，百分比由43降至30，再降至24。這種對婚後居住的態度，可以解釋爲一種與父母關係的現象，社會階層越高的人，對父母的關係越顯得疏遠，中階層的人好一點，低階層的人則比較親密。簡單的

說，即高階層與親屬的關係不十分密切。如果合住是比較維護傳統家庭關係，分住是比較適應現代工商業家庭關係，顯然高階層的人適應比較良好，或比較有能力獨立居住。

再從奉養父母的方式加以觀察，贊成父母年老後住設備好的養老院的人不到兩個百分點（1.5），顯然中國人還不能接受這種養老方式。這也可以提醒我們的養老院政策，除非為那些孤苦無依的老年人籌建，否則，願意住進去的人不多。從家庭關係來說，最好的辦法當然是所有父母子媳等人通通住在一起，其次是父母獨營生計或諸子輪流奉養，現在還有人主張兒女輪流或兒女共出經費奉養。結果發現，後兩類的百分點相當接近（39 對 36）。

贊成諸子輪流奉養父母的，高階層低於中、低階層，這可以視為如上所說的傳統取向；兒女輪流和出錢則反過來，高階層高於中、低階層，這可以視為現代取向，因強調男女平等而產生的反應；父母自理或獨營生活，傳統和現代社會都可能發生，高、中階層略高於低階層。在這種關係中，中、低階層有一致的傾向。我們可以這樣說，高階層在對待老年父母的關係上，比較傾向於兒女分擔義務。

在繼承財產的觀念上，贊成長子繼承的只有一個百分點，顯示這種觀念沒有什麼改變，中國本來就不是長子繼承財產。諸子平分的也只有 11 個百分點，卻大出意外，至少我們所了解的傳統是諸子平分。主張兒女平分的高達 35%，無所謂的更高，佔 54%。1983 年的結果是，兒子平分佔 51%（農村更高至 56%），兒女平分佔 47%（文崇一，民 72: 92-93）。去年的結果，是諸子平分的 22%，對兒女平分的 48%（文崇一等，民 73: 136-137）。本次的結果，兒女平分家產雖然比上兩次較低，但兒子平分的低得更多，重要的是那些不在乎（無意見）的人增加得太快(54%)。這很可能顯示，大都會區的居民，對這方面

的傳統文化，已經心存拒絕了，至少是不太關心。

從社會階層而論，贊成諸子平分家產的百分比，高階層最低，至低階層最高；贊成兒女平分的，高階層最高，至低階層最低。這表示高階比較傾向於現代，低階層傾向傳統，兒女在現代家庭結構中，因所處階層地位的不同，而有些差異。從財產關係而比較人際關係，大致有某種程度的文化上的變異。

從上述三方面關係的比較，我們大致已經發現幾種特殊的現象：

(1) 如果把幾代合住、諸子奉養父母、諸子平分家產當做中國文化中傳統關係取向，而把父母子女婚後分住、兒女共同奉養父母、兒女平分家產視為現代化傾向，則臺北市居民無疑已在逐漸擺脫這種傳統關係，而趨向於現代。

(2) 從階層而言，高階層的人比較更接近現代，對親屬關係顯得疏遠，並且比較尊重男女平等的觀念。低階層對親屬關係較親密，有延續傳統關係的趨勢。

(3) 各種關係差異的顯著性雖然存在，但差距並不太大，這可視為在工業化過程中，家庭關係的轉型期，沒有定型，卻正在改變。例如不願意住在一起，顯然會對家庭關係產生相當大的影響，最可能的就是大批轉向夫婦式的家庭體系。

現在我們再來了解一下「和父母聯絡」的方式。聯絡的工具為電話、信件或親自探訪，聯絡的時間分為每週、每月、年節。住在都市裏的人，一般都相當忙碌，如果不住在一起，彼此的關係就會逐漸疏遠，除非能利用溝通工具加強連繫。對父母子女也一樣，如果長久不通音問，照樣會產生隔閡，或使親子關係產生變異。在所有的問卷中，僅 489 人適合與父母聯絡的要求，他們在三種工具上的分配狀況如下表。

表 14 電話、信件、探訪在社會階層上的分配

	高階層	中階層	低階層	合　計	卡方檢定
(1) 電話聯絡					
每週	63.6(68)	46.6(81)	37.2(77)	46.3(226)	x^2=21.56
每月	17.8(19)	27.6(48)	27.1(56)	25.2(123)	df=6
年節	6.5(7)	8.6(15)	11.1(23)	9.2(45)	p<.01
無	12.1(13)	17.2(30)	24.6(51)	19.3(94)	
合計	21.9(107)	35.7(174)	42.4(207)	100.0(488)	
(2) 信件聯絡					
每週	8.4(9)	6.3(11)	4.3(9)	5.9(29)	x^2=2.63
每月	7.5(8)	9.7(7)	8.2(17)	8.6(42)	df=4
無	84.1(90)	84.0(147)	87.4(181)	85.5(418)	p>.05
(3) 親自探訪					
每週	32.7(35)	25.7(45)	20.3(42)	24.9(122)	x^2=19.91
每月	31.8(34)	23.4(41)	22.2(46)	24.7(121)	df=6
年節	27.1(29)	38.3(67)	50.2(104)	40.9(200)	p<.01
無	8.4(9)	12.6(22)	7.2(15)	9.4(46)	

　　上表顯示，不與父母共住的人，聯絡方式，以每週打電話的人最多，時間過得越長，打電話聯絡的就越少。不論什麼時候，寫信給父母的都很少了。探訪則以年節的比例為最高。這可能表示，平日多半都是用電話問候或聯絡，臺北市的電話非常普遍，已經接近一般大都會的水準，這種轉變是可以預料得到的，正如其他西方大都會一樣，所以利用信件聯絡的人便很少。這種轉變會不會妨礙維持親屬關係的

親密性？目前還難預料。我們看到每週、每月，特別是年節期間，親自去探望父母的比例仍然那麼高，對維持親密關係應該有很大的幫助。

從社會階層來看，電話聯絡有兩種形態：每週都與父母聯繫的，高階層高於中階層，中階層又高於低階層，即階層越高，電話聯絡的頻率也越高；每月、年節、無聯絡的人剛好相反，階層越低頻率越高。這種高低現象，究竟是感情因素還是經費因素所造成，目前還不太清楚，也許兩者都有。信件聯絡不但階層間沒有差異，而且根本不寫信的人佔了86%。親自探訪也有兩種形態：每週、每月為一種，探訪比例因階層高低而呈高低現象，即高階層的比例高於低階層；年節為另一種，剛好相反，階層越低比例越高，也就是低階層高於高階層。這又是什麼因素所造成的？也許跟電話聯絡一樣，受到感情、經費兩方面的影響。這種現象跟教育程度的結果相當一致，高學歷的相當於高階層，低學歷的相當於低階層。但在職業上多半沒有差異，專業行政人員和生產體力人員之間，百分比的高低也不大。

與父母連繫的三種方式，寫信的人太少，可以不計，實際只運用兩種有效工具，打電話和親自探問。綜合起來了解，可以獲得幾點結果：

（1）打電話和父母聯絡，以每週的百分比最高，親自探訪以年節的百分比最高。前者表現工商業社會的溝通行為，後者卻富有傳統中國文化的色彩，這種情形也許正是表示傳統和現代交會之處。

（2）無論電話或探訪，有兩種行為模式是一致的，即短時間內的行動，階層越高，行為的人越多，階層越低，行為的人越少；在長時間內的行動則反過來，階層越低的越多，越高的越少。在中度時間內，則不易預測，每月打電話，因階層的降低而漸增，每月探訪，因階層的降低而漸減。

綜合上述兩方面，即家內關係中的居住、奉養、繼承和離家以後對父母的聯繫方式，我們可以獲得幾個重要的結論：

（1）從中國傳統文化的層面而言，居住、奉養、繼承、問候之類的重要傳統原則，已經面臨改變的情境，由以兒子爲主導的方式，漸變爲兒女並重的方式。這種狀況可能受到工業化、都市化環境的影響很大，同時也受到法律規範壓力的影響，使我們的行爲不得不設法調整，以適應現代的要求。不過，在固有的日常生活中，仍然保留了若干傳統生活的特質，如在年節時探望父母，這對於現代的工商業生活，似乎並不產生衝突。這也提醒我們，傳統與現代絕非兩極的對立，祇要處理得合適，工業化並不是一條絕對而單一的道路。

（2）社會階層的高低在親屬關係中的確產生了不一致的現象，在家庭內的關係，高階層具有較強烈的兒女平等的傾向，階層越低這種傾向就較弱；而在家庭外的聯絡關係上，高階層顯得較強，低階層顯得較弱。

如果用傳統和現代的意義加以解釋，前者屬於現代化的趨勢，後者似乎是更加維持了傳統。無論如何，跟傳統中國農村那種家庭關係作比較，特別是我們在本文所強調的居住、奉養、繼承、問候諸方面，的確有相當大幅度的改變。

三　親屬交往行為及其關係

中國人重視家族和姻親關係，似乎是無需多作解釋的。這種親屬關係有兩大原則，一是血統上的淵源，可以稱之爲血緣關係；一是等級上的尊卑，可以稱之爲等級關係。血緣加上尊卑等級，就是五倫的基本精神。五倫的基本結構應該祇有父子、夫婦、兄弟三倫，這才合

乎血緣和等級的基本原則。君臣是封建社會中的擬父子關係，朋友是擬兄弟關係。這種關係的確把已經認識的和有關的人羣劃成許多圈圈，而形成大小、強弱不同的「差序格局」（費孝通，民 37: 22-30）。為什麼會成為這樣的格局呢？可能就是受到上述兩個原則的支配。在以父子軸為主導的家庭結構中，因血緣關係的不同距離而有親疏之別，因上下等級的不同距離而有遠近之分，於是形成一種以家庭為中心的關係網絡，產生非常明顯的親屬關係上的遠近、親疏。

親屬間的交往關係就建立在這個基礎上，親近的交往多些，疏遠的交往少些。我國農村社會的形態大概就是這樣，每個人，至少是每個家都是這種網絡關係中的一點，然後擴散出去。不過，由於受到家庭條件，地區交通，和資源的限制，擴散的範圍仍不可能太大，這就是為什麼農村社區的居民總是無法擴大生活圈子，交往的都是熟人，日子久了，習以為常，就難免不排斥陌生人。

臺灣經過幾十年的工業化過程，不僅都市化程度加深，更是工廠、公寓林立。原來的農村社區體系，家族組織，人際關係網絡，都遭到某種程度的破壞，不得不另謀發展。最明顯的就是要適應新的工作條件和居住環境，這就表示要建立新的人際關係了。

新的鄰里關係以六種最為普遍，即家族、姻親、朋友、鄰居、同學、同事。以五個自變項，性別、年齡、教育、職業、社會階層，去求它們間的差異，發現許多變項在家族、姻親的交往上，多沒有達到差異的顯著程度，而在其餘四個變項上又多有差異（附表三）。我們現在以社會階層為自變項作一點分析，看看他們經常交往的人及其分配狀況。

在問卷中，我們問的是「經常來往的人」有那些種類，每一類有多少戶。就是在鄰里關係中分析被訪者的行動取向、家族、鄰居，還

表 15 家族、姻親等項在社會階層上的分配

	高階層	中階層	低階層	合　計	卡方檢定
(1) 家族					
0 戶	35.9(68)	37.1(156)	31.4(150)	34.5(394)	$x^2 = 5.50$
1-2	27.8(68)	24.7(104)	28.3(135)	26.9(307)	$df = 6$
3-4	21.6(53)	19.7(83)	22.0(105)	21.1(241)	$p > .05$
5+	14.7(36)	18.5(78)	18.2(87)	17.6(201)	
合計	21.4(245)	36.8(421)	41.7(477)	100.0(1,143)	
(2) 姻親					
0	56.3(142)	57.5(249)	60.8(298)	58.6(689)	$x^2 = 3.41$
1-2	24.6(62)	24.2(105)	23.7(116)	24.1(283)	$df = 6$
3-4	12.3(31)	12.7(55)	9.6(27)	11.3(133)	$p > .05$
5+	6.7(17)	5.5(24)	5.9(23)	6.0(70)	
(3) 朋友					
0	35.5(89)	42.6(184)	48.0(235)	43.3(508)	$x^2 = 13.08$
1-2	17.9(45)	16.4(71)	16.9(83)	17.0(199)	$df = 6$
3-4	20.7(52)	17.6(76)	13.7(67)	16.6(195)	$p < .05$
5+	25.9(65)	24.4(101)	21.4(105)	23.1(271)	
(4) 鄰居					
0	56.2(141)	48.9(208)	37.2(182)	45.6(531)	$x^2 = 39.38$
1-2	19.5(49)	17.6(75)	17.4(85)	17.9(209)	$df = 6$
3-4	7.2(18)	14.1(60)	17.2(84)	13.9(162)	$p < .01$
5+	17.1(43)	19.3(82)	28.2(138)	22.6(263)	

說明: 同事、同學的資料，此處不擬分析，因為在後面的區辨分析中，也因樣本較少，予以刪除。

是朋友。結果我們從表 15 看得出來，在家族、姻親方面，跟一、二戶和三、四戶交往的比例較高，五戶以上的比例較低；朋友、鄰居剛好相反，跟五戶以上交往的比例較高，四戶以下的比例較低。這也許是受到特定範圍的限制，親戚總不如鄰居或朋友那麼多。

居民對家族、姻親的交往，沒有社會階層上的差異，高階層沒有比中、低階層多一些，也沒有少一些，甚至連無交往的戶數也相當接近。大致而言，除無交往戶數均最多外，其餘 1－2 戶佔的百分比較高，依次為 3－4 戶，及 5 戶以上。另一方面，對朋友和鄰居的交往，則有明顯的差異。在朋友的交往上，高階層都比中、低階層較多，在鄰居的交往上，高階層的 1－2 戶比例高於中、低階層，3 戶以上，則高階層低於中階層，中階層又低於低階層。這種結果顯示，與 Goode 的說法頗有差異，他認為，「上階層有較多的親戚交往」(1970: 244)，下階層的家庭關係則較少。這種不同的現象，究竟是由於工業化過程的不同還是親屬結構的不同所造成，我們尚沒有實徵資料可資解釋。但就文化傳統而言，來自親屬結構的力量可能遠比工業化過程為大。

事實上，家族變項在性別、教育、職業變項上也沒有差異，祇在年齡上有少許高低。求助行為在社會階層上沒有差異(附表四)，47% 的人都認為有急事就找家族中的人來幫忙。這種現象可能還是源於家族關係的普遍性，不因性別、教育程度、職業的不同而有所增減，年齡似乎也只能說明，時間對親屬交往關係可能會有些影響。

我們進一步了解，就會發現，人跟親戚、朋友的關係，不會單純到有人只和親戚來往，又有人只和朋友、鄰居來往，而多半是重疊的，交往的對象，有親戚也有朋友，甚至既是親戚，又是鄰居。如果硬要單純的劃出界線，顯然會有困難。經過各種交往關係的不同組合，我們發現，家族和姻親有類似的傾向，朋友和鄰居、同事和同學

也有類似的傾向。把有類似傾向的加起來，成爲一個類型，於是可以
獲得三種交往類型，即同族和姻親的親屬類型，朋友和鄰居的鄰朋類
型，同事和同學的同輩類型。這樣，計算起來就容易得多。不過，即
使如此，還是難以把另外的重疊交往關係計入，如旣是親屬，又是鄰
朋之類。爲了求全起見，我們可以把三種類型的可能重疊或不重疊，
逐一相加，而形成下面的類型表以表示交往關係。表中 A＝親屬，
B＝鄰朋，C＝同輩。

表 16　交往關係的類型分配

	次數	百分比	累積百分比
類型Ⅰ(A＋B＋C)	351	29.7	29.7
類型Ⅱ(A＋B)	380	32.1	61.8
類型Ⅲ(B＋C)	89	7.5	69.3
類型Ⅳ(A＋C)	63	5.3	74.6
類型Ⅴ(A)	103	8.7	83.3
類型Ⅵ(B)	120	10.1	93.5
類型Ⅶ(C)	29	2.5	95.9
類型Ⅷ(O)	48	4.1	100.0

　　類型Ⅰ的交往關係最複雜，親屬、鄰朋、同輩三種人都有，這種
人約佔30％；類型Ⅱ雖只包括親屬、鄰朋兩類，人數卻有32％。兩者
加起來約佔62％，超過一半，可見在鄰里關係中，這兩種類型的交往
關係最爲重要。類型Ⅲ與親屬沒有關係，類型Ⅵ至Ⅷ也沒有關係，
可以不論。類型Ⅳ所佔比例甚少，類型Ⅴ爲純親屬關係，約佔9％，
以單一項目來說，與鄰朋約相等(10％)。在本表中發現，最能解釋交

往關係的是類型 I，II，V 和 VI， 都包含 A 或 / 和 B， A 和 B 顯然是
這些交往關係中的主要因素，卽親屬與鄰朋。我們在前面討論過，家
族在四個變項分析中均未達顯著差異，家族、姻親在社會階層也沒有
差異的顯著性，因而似乎可以說明，不論交往頻率的高低，或類型的
不同，大概不會因階層的高低而有不同的交往頻率，或者說，在目前
我國的工業化階段，階層對親屬關係的多寡沒有影響。

　　不論社會階層對親屬交往關係影響到什麼程度或是對家庭內關係
有影響（表 13、表 14、附表一、附表二），而對家庭外親屬關係無影
響（表 15、附表二），親屬關係和鄰朋關係在日常生活中佔有重要地
位，卻是事實。第一個資料中也顯示，社區居民往來最多的人，第一
是親戚（44%），其次才是鄰居（20%）和朋友（19%）（文崇一，民
74）。在這種情況下， 如果作一點區辨分析， 從組別間的正準相關，
區辨函數，以及分類預測等，可以對不同交往類型間的差異，獲得進
一步的了解。

　　從區辨分析（附表五）發現： (1) 正準相關達到顯著水準的，祇
有區辨函數 1，2，3 三個， 顯示兩組變數的相關程度在這個三個函
數上， 這三個函數大約可以解釋總變異量的 30%（ 三組正準相關係
數的平方和）。 (2) 函數 1 在五個函數中，可以解釋其總變異量的
79.78%， 可見這個函數極爲重要。 這個因素的主要變項是教育程度
對類型 III，次要變項爲年齡及類型 I，II，IV， 就是說，教育程度的高
低對鄰朋、同輩類型的交往關係產生作用，年齡、親屬也有些作用，
但並不十分重要。 (3) 函數 2 可以解變異量的 14.08%，函數 3 可以
解釋變異量的 4.06%。前者的變項關係爲求助對象、婚姻對類型 III，
後者的變項爲職業。仍是說明鄰朋、同輩與求助行爲、未婚已婚之間
的關係。 (4) 函數 4，5 分別反應了性別和年齡， 社會階層在各該因

素上的重要性，但是均未達顯著水準，所能解釋變異量也極小（前者
為1.99％，後者為.09％）。在類型的交往關係函數值上均低於.17。
可見這兩個函數無關緊要，也卽是社會階層沒有產生積極的作用。

　　由上述的區辨分析各種過程，我們可以獲得交往關係類型的分類
預測結果如下表。

表 17　交往類型的分類預測結果百分比

類　型	樣本數	各 類 型 人 數 分 配 預 測					
		I	II	III	IV	V	VI
I (A＋B＋C)	349 (32.2)	98 (28.1)	33 (9.5)	97 (27.8)	53 (15.2)	42 (12.0)	26 (7·4)
II (A＋B)	368 (33.9)	43 (11.7)	122 (33.2)	33 (9.0)	20 (5.4)	63 (17.1)	87 (23.6)
III (B＋C)	89 (8.2)	10 (11.2)	7 (7.9)	51 (57.3)	7 (7.9)	8 (9.0)	6 (6.7)
IV (A＋C)	62 (5.7)	14 (22.6)	8 (12.9)	18 (29.0)	10 (16.1)	9 (14.5)	3 (4.8)
V (A)	102 (9.4)	13 (12.7)	32 (31.4)	12 (11.8)	15 (14.7)	18 (17.6)	12 (11.8)
VI (B)	115 (10.6)	9 (7.8)	28 (24.3)	27 (23.5)	6 (5.2)	9 (7.8)	36 (31.3)
	1,085 (100.0)	187 (17.2)	230 (21.2)	238 (21.9)	111 (10.2)	149 (13.7)	170 (15.7)

A＝親屬　　B＝鄰朋　　C＝同輩

分類預測率 30.88％

　　表17所顯示的各種預測交往人數分配，與原來的分配數作比較，
除類型 III 在原類型中保留了57％，類型 II 在原類型中保留了33％
為較大外，其餘各類型人數均分散得有點亂。從整個預測類型分配來
看，類型 I，II 在減少，並且分別減少了15％ 及12％；類型 III 至 VI

在增加，依次分別增加了 14%（Ⅲ），4%（Ⅳ），5%（Ⅴ，Ⅵ）。這種現象可能表示，複雜而重疊較多的交往關係會降低，比較單純的交往關係會有某種不同程度的增加，例如親屬關係和鄰朋關係均增加了 5 個百分點。

　　再從各類型原樣本分散至各預測類型人數來看，類型Ⅰ流至類型Ⅲ爲最多（28%），卽把原來含有親屬在內的交往關係變爲非親屬關係，流至其他各類型的人，也有差不多相同的意義，非親屬關係如類型Ⅵ，較單純的親屬關係如類型Ⅳ，Ⅴ。類型Ⅱ流到類型Ⅵ爲最多（24%），變爲純鄰朋，流到類型Ⅴ純親屬的也有17%，等於把相當多的交往關係，從親屬、鄰朋型簡化爲親屬和鄰朋兩個類型。類型Ⅲ原就沒有親屬關係在內，反而最爲穩定，流出量最少，這也可以說明，鄰朋、同輩關係受到的影響最小。類型Ⅳ流至類型Ⅲ的最多(29%)，也是使具有親屬關係的交往類型變爲非親屬類型，另外也有23%流至類型Ⅰ，變爲更複雜的交往關係，但也有15%成爲純親屬關係，可見這種流動是很複雜的。類型Ⅴ有31%流至類型Ⅱ，卽親屬、鄰朋交往關係。類型Ⅵ也有24%分別流至類型Ⅱ及類型Ⅲ。這都可以說是交往關係的複雜化現象。

　　總預測率祇有31%，就因分散太大，各交往關係類型，除類型Ⅲ能直接保留57%外，都不很穩定。

　　綜合上述各種現象，我們獲得幾點結果：

　　（1）社會階層不影響親屬交往的多寡，卽高階層、中階層、低階層在交往親屬的分配上有一致的傾向，這跟高階層親屬較多的說法有點出入。另一方面，交往鄰居、朋友的多或少，倒與階層有關，大致中、低階層會比高階層多一點，但不是多很多。

　　（2）事實上，人不會祇單純跟某種人交往，經常是重疊的，親

戚、朋友、鄰居都有。把這種交往關係類型化，可以獲得 8 種類型，從各種關係都包含在內的類型到沒有關係的類型，每一個類型有它不同的意義和成員。

(3) 經區辨分析的結果，我們知道，六個類型與七種變項間的關係，只有三組函數有顯著性，但最重要的是第一個函數，它可以解釋總變異量的80%，其餘都不重要。社會階層變項雖進入第 5 個函數，但這個函數不僅未達顯著度，而且只能解釋總變異量的 .09%，眞是微不足道。

(4) 區辨分析雖也給以預測各類型發展的趨勢，但預測率祇有31%，可見各類型分散甚大。大致而言，類型 I，II 有減少的傾向，類型III—VI 有增加的傾向。整體而言，單純的親屬交往類型（類型V）人數也在增加，不過，除 I，II 類外，其他各類型交往人數的百分比也同樣在增加中。這可能表示，比較單純的、重疊較少的交往關係有增強的趨勢。而從前述區辨分析可知，這種現象並未牽涉到社會階層，卽社會階層對這些類型的交往關係沒有什麼影響，甚至完全沒有影響。

四　結論

從理想乃至事實的原則而言，中國文化在家庭關係上，一向強調包括父母在內的全家合住，除非爲了經濟或情感上的原因，不會贊成分住。奉養父母固然因經濟狀況、社會政治地位，而有許多不同的方式，最常見的還是諸子共養，或諸子輪流奉養。繼承財產，除了特殊原因，必然是諸子均分。對於親戚交往的範圍和頻率，多有大家公認的標準，不太可能因經濟、政治、社會地位的高低，而有特別的約

束，除了某些特殊例子，如攀附權貴、富豪之類。這是中國人處理家庭內父母子女關係，和家庭外親屬關係的一般原則，已經有相當長久的時間，也有相當廣大的地區。

臺灣近幾十年來的工業化政策，除了實行土地改革和家庭計劃，可能對家庭方面產生某些影響外，沒有任何特殊政策去企圖改變家庭結構。然而，也許由於工業化和經濟成長的關係，都市化日益擴大，人口日益集中，職業的流動性日益加速。家庭為了適應這種快速的變遷，以及外來觀念和文化的衝擊，顯然已經有些改變，例如，我們在前面討論過的，高教育程度和專業人員在許多態度方面轉變的比例要高些，就可能是這種原因。在家庭內父母子女的某些關係以及家庭外的親屬關係，也顯示了一些轉變的現象，或沒有轉變的現象。經過前述的分析和討論過程，我們可以得到幾個結論。

其一是社會階層與居住方式、奉養父母方式、財產繼承方式有必然關係。凡是傳統取向的，即贊成合住、諸子輪流奉養父母、諸子均分財產，低階層的比例高於中階層，中階層又高於高階層；凡是現代取向的，即贊成分住、兒女輪流奉養父母、兒女均分財產，高階層高於中階層，中階層又高於低階層。高社會階層也就是高教育程度、高職業聲望、高收入的人，家庭內關係的轉變比例較大。這種轉變顯然受到了工業環境的影響。對於與父母分住的人，多半是每週打電話或年節時探訪，也與社會階層有關，高階層比低階層每週以電話聯絡的比例較高，但在年節探訪父母的比例，則低階層比高階層高。這可能不是情感而是事務的原因所造成，在工業社會中，高階層的人可能要忙碌得多。這種由兒子獨佔轉變為由兒女共佔的態度，由親自探訪轉變為由電話聯絡的方式，顯然是適應工業環境的一大轉變。

其二是社會階層對親屬關係的多寡沒有影響。無論是高階層或低

階層，所交往的親屬關係，均呈現一致的傾向。反過來，對鄰居、朋友的交往卻有差別，大致是中、低階層的百分比高於高階層，是不是這些人比較需要朋友的支持與幫助？不過，在求助行為的對象上，無論親屬或鄰朋，都沒有階層上的差別。在影響交往關係的變數分析上，社會階層也不是重要變數，甚至完全沒有影響。不過，包括親屬關係在內的重疊交往關係的極複雜類型，有漸減的趨勢，比較單純的交往關係，無論是親屬或鄰朋，卻有漸增的傾向。這可能也是工業社會的特徵之一，角色的分化增加，重疊性降低。但在另一方面，中國傳統對親屬關係的普遍性觀念，似乎並不因工業環境而產生社會階層上的差異。也許這就因為中國具有幾千年的血統觀念，不是幾十年的工業化力量所能改變的。

因而，我們在前面所提出來的假設，已經獲得驗證的結果。

(1) 臺灣由於長久工業化和都市化過程，家庭內的一些關係，如全家同住、奉養父母、繼承財產，在觀念上已經由兒子的義務和權利，轉變為兒女的義務和權利。這樣的轉變在社會階層上有明顯的差異，高階層強調兒女共同的義務和權利高於中階層，中階層又高於低階層。這種結果跟假設一相當一致。

(2) 臺灣由於長久工業化和都市化過程，家庭外個人與親屬的關係，並不受到社會階層的影響，高階層和低階層與親屬交往的比例相當一致。求助行為的對象也不受社會階層的影響，高低階層沒有差異。對於將來交往關係的發展，社會階層也不是影響這類行為的重要因素。這個結果剛好跟假設二相反。

參 考 書 目

文崇一

　　民 68　〈地區間的價值差異〉，見《陶希聖先生八秩榮慶論文集》。臺北：
　　　　　食貨。

　　民 69　〈技術發展與社會變遷〉，《犧牲的代價：革新與通變》。臺北：
　　　　　經世。

　　民 72　〈社區生活規範與價值觀〉，見文崇一等，《當前經濟發展過程中
　　　　　之社會變遷及其因應措施之研究》。臺北：社區發展中心。

文崇一等

　　民 73　《提高臺北市舊市區生活品質之策略》。臺北：臺北市政府研考會。

朱岑樓

　　民 70　〈中國家庭組織的演變〉，見朱岑樓編，《我國社會的變遷與發
　　　　　展》。臺北：三民。

行政院主計處

　　民 72　《勞工統計年報》。

行政院經建會經濟研究處

　　民 70　《中華民國臺灣地區經濟現代化的歷程》。

行政院經建會人力小組

　　民 73　《中華民國臺灣地區就業市場季報》。

黃暉明譯

　　民 65　《工業化與家庭革命》（W. Goode 原著），《社會變遷研究叢
　　　　　書》之二。香港：中文大學。

費孝通

　　民 62　〈差序格局〉，見《鄉土中國》。臺北，

瞿海源、文崇一

　　民 64　〈現代化過程中的價值變遷〉，見《思與言》12(5)。

F. R. Allen et al.

　1957　*Technology and Social Change*. N. Y.: Appleton-Century-Crofts.

K. Bair & N. Rescher, eds.

　1969　*Values and the Future*. N. Y.: The Free Press.

William J. Goode

　1963　*World Revolution and Family Patterns*. N. Y.: The Free Press.

　1970　Industrialization and Family Change, in B. F. Hoselits & W. E. Moore, eds., *Industrialization and Society*. Mouton: UNESCO.

　1982　*The Family* (2nd ed.). N. J.: Prentice-Hall.

Francis L. K. Hsu, ed.

　1971　*Kinship and Culture*. Chicago: Aldine.

W. F. Ogburn & M. F. Nimkoff

　1955　*Technology and the Changing Family*. Mass.: Houghton Mifflin.

Chun-kit Joseph Wong

　1981　*The Changing Chinese Family Pattern in Taiwan*. Taipei: Southern Materials Center.

附表一　居住等依變項對自變項的差異顯著水準

	(1)居住	(2)奉養	(3)繼承	(4)電話	(5)信件	(6)探訪
(1) 性別	ns	.01	ns	ns	ns	ns
(2) 年齡	ns	.01	.01	.01	.01	ns
(3) 教育	.01	.01	.01	.01	.05	.01
(4) 職業	.01	.01	ns	ns	ns	.05
(5) 階層	.01	.01	.01	.01	ns	.01

ns 表示未達顯著水準，其餘爲 p＜.05 或 .01

附表二　年齡、教育變項在六個依變項的分配趨勢

1. 年齡

(1) 居住　合、分住沒有差異，各約佔30％，無意見的40％。

(2) 奉養　越年輕的越贊成兒女共同奉養或出錢，越年紀大的越贊成兒子奉養或父母自營生活。

(3) 繼承　無論諸子或兒女平分家產，都是年紀越大越贊成。

(4) 電話　每週以 25-34 歲的比例最高，兩端依年齡遞減；每月及年節，年齡越大，聯絡越多。

(5) 信件　年輕和年老的人寫信的比例較高。

(6) 探訪　年輕的探訪父母較多，25-44 歲的每月探訪的較多。

　　說明：年齡分劃，24⁻, 25-34, 35-44, 45-54, 55⁺。

2. 教育

(1) 居住　教育程度越低越贊成合住，越高越贊成分住。

(2) 奉養　可以大約分爲二羣，初中及小學以下爲一羣，贊成諸子奉養和父母自理的百分比較高，高中及大學以上爲另一羣，贊成兒女奉養和兒女出錢的比例較高。

(3) 繼承　高中程度贊成兒女平分家產的比例最高，其餘很接近；小學以下贊成兒子平分家產的比例最高，學歷越高，比例越低。

(4) 電話　每週打電話給父母的，學歷越高佔的比例最大，依次降低；每月和年節均以小學以下最多，初中以上遞減。

(5) 信件　學歷較高的寫信較多。

(6) 探訪　學歷越高，每週、每月探訪越多；學歷越低，年節探訪越多。

　　說明：學歷分劃，小學⁻、初中、高中、大學⁺。

附表三　家族等依變項對自變項的差異水準

	(1)家族	(2)姻親	(3)朋友	(4)鄰居	(5)同事	(6)同學
(1) 性別	ns	ns	.01	ns	.01	ns
(2) 年齡	.01	.01	.01	.01	.01	.01
(3) 教育	ns	.05	.01	.01	.01	.01
(4) 職業	ns	.05	.01	.01	.01	.01
(5) 階層	ns	ns	.05	.01	.01	.01

ns 表示未達顯著水準，其餘為 $p < .05$ 或 .01。

附表四　有急事先找誰幫忙（%）

	家族	姻親	朋友	同事同學	鄰居	自己	合　計
高階層	49.2	5.6	11.1	5.2	12.7	16.3	21.4(252)
中階層	47.0	5.5	11.8	4.8	11.1	19.8	36.8(434)
低階層	46.9	2.8	9.9	5.9	13.4	21.1	41.8(403)
合　計	47.4	4.4	10.9	5.3	12.4	19.6	100.0(1,179)

$$x^2 = 9.20 \quad df = 10 \quad p > .05$$

附表五　變項間正準區辨函數與羣體形心

	區 辨 函 數				
	1	2	3	4	5
正準相關	.48***	.23***	.12*	.09	.02
VU 教育程度	−.93				
V552 求助對象		−.65			.44
V3 婚姻	.45	.65		−.31	
V7 職業	.39		.64	.43	−.34
V1 性別				.66	
V2 年齡	.51			−.64	.33
SES 社會階層	.38			.51	.61
交往羣:					
I (A+B+C)	−.56				
II (A+B)	.58				
III (B+C)	−.73	−.49			
IV (A+C)	−.51				
V (A)		.41			
VI (B)	.47	−.36			

*p<.05　***p<.001

說明：(1) 交往關係原有 7 羣，因後二羣分配樣本太少，僅取 5 羣分析。

(2) 因素負荷量低於 .30 者未列入表內。

大眾傳播與社會變遷

一　序論

　　大眾傳播可能影響個人態度與行為，可能影響社會變遷，差不多已經成為定論。現在的問題是：因文化與社會的不同，可能產生不同程度的影響；因傳播媒介的不同，可能產生不同程度的影響；因方法與目的不同，也可能產生不同程度的影響。在同一類問題中，也可能因所強調的對象不一樣，而產生不完全相同的結果。

　　利用大眾傳播研究社會變遷最有成就之一是 Lerner。他從中東六個國家的比較研究中發現，現代社會的特徵就是強調「為人設想」(empathy)❶。透過大眾傳播媒介，增加對公共事務的意見，增加參與機會，而獲得較高度的為人設想的作用。所以他說，人民受到傳播媒介的影響比什麼都大。他舉了個例子，一個伊朗人說：「電影像是個老師，它教我們要做什麼，以及不要做什麼」。這是個有名的研究，也是許多年來，從大眾傳播研究社會變遷，為大家所樂於討論的例子。它肯定了傳播媒介對個人行為的影響力。Rogers❷ 在哥倫比亞

---

❶　Lerner (1958: 50, 53-54) 所說的 empathy，應該是設身處地為他人著想的意思，也有譯為移情作用。

❷　Rogers, 1969: 204-213，但在傳播農業消息時無影響 (128-130)。

(Colombia) 的研究擴大了 Lerner 的範圍，他以「empathy」為中介變項，發現大眾媒介透過這個變項，對創新 (innovativeness)，成就動機 (achievement motivation)，政治知識 (political knowledgeability)，表達意見(opinionatedness)，意見領袖(opinion leadership)，教育期望(educational aspirations)都有高相關。正如他在另一本書上所說 (Rogers, 1971: 12)：「傳播與社會變遷雖不是同義字，傳播在整個社會變遷過程中卻是一個重要因素」。這兩個研究雖然相隔了十多年，地區也不同，但都是開發中國家，結果也相近。

有的研究結果並不完全一致，如 Mills (1956) 認為，大眾媒介可以補充個人的需要，予個人以認可(identity)，期望 (aspirations)，技術 (techniques) 或是逃避；權力優異份子 (power elites) 只要掌握了大眾媒介就可以掌握羣眾或羣眾行為。Cooley❸ 早在幾十年前就說過這樣的話：「初級羣體 (primary group) 把孩子人性化 (humanized)，大眾媒介可以把社會人性化」。後者是強調它的社會化功能，前者卻是直接對社會的控制力量。但也有人認為，傳播媒介必須透過羣體或意見領袖❹ 才能發生影響力，而非直接影響。事實上，變遷的過程往往非常複雜，很少是直接產生的，如 Katz (1966) 發現，個人的影響比媒介大。

近十多年來，臺灣也有不少這方面的研究，但在理論與方法上受西方，特別是美國學者的影響太大，結果也有出入。如吳聰賢的研究發現大眾媒介對於傳播農業消息的影響不大 (民 53)；徐佳士發現二

---

❸ Cooley (1909) 轉引自 Westley (1971: 123)，Gerbner (1967: 41-42) 也相當強調這種功用。

❹ 如 Mishra, 1970, 47: 331-339；Katz & Lazarsfeld, 1955. 後者即一般所謂二級傳播。

級或多級傳播理論在臺灣的適用性受到限制（民 60: 34-7）；袁新勇發現大眾傳播媒介對臺灣農民投票行為之影響各階段頗不穩定（民 62: 198-9）；周繼祥發現社區報紙對居民某些態度有影響（民 63: 89-91）；類似的研究還很多，如鄭東和（民 53）；陳振國（民 58）；蔣永元（民 63），不必一一列舉。這些發現都說明，傳播媒介對個人行為和態度的影響是存在的，只是結果不太一致，程度上也有些差異。國內研究的最大弱點還不在於結論不一致，而在於取樣太小，分析方法比較簡單，要進一步把它概念化或普化時就感到力不從心。這不是說，反過來就一定可以做到，但機會會多些。

　我們要以 Kahl (1966) 和 Inkeles (1974) 的例子作一點說明。兩人都是研究個人現代性❺，都用過大眾媒介(mass media) 作自變項來分析個人現代性的高低，都是以開發中國家為研究對象，前者兩國（巴西與墨西哥），後者六國（阿根廷、智利、孟加拉、印度、以色列、奈及利亞），所得結果也幾乎相同。Kahl 發現，「高度使用大眾媒介」是形成個人現代性的七個核心條件之一❻；Inkeles 的發現是，接觸大眾媒介越多的人，現代性越高，工人與農人的差別也極少❼。這兩個以國家為抽樣單位的研究，分析方法也只使用到因素分析，它的結論或推論是否正確，是否為我們所接受是另一問題，而已經建立了對兩種現代性 (modernism or modernity) 的解釋和兩個概念 (concept)，甚至兩種模式 (model)，卻是事實。

---

❺　前者名為 modernism，現代主義；後者名為 modernity，現代性，見上二書。

❻　Kahl, 1966: 32, 133. 其餘六個為：主動精神，親戚較疏遠，喜好城市生活，個人主義，低社區階層活動，低階層承襲機會。

❼　Inkeles, 1974: 144-153. 只有智利 (Chile) 與奈及利亞 (Nigeria) 的農人無統計上的顯著差異（頁 151）。

　　這種表現在態度，性格，或行爲上的現代化程度，實際就是社會
化 (socialization) 的結果，這可能引起某些結構的變遷，而導致社
會變遷。Riesman 等 (1953) 在《寂寞的羣眾》中討論美國社會變遷
時就是循着這條路線，雖然他不像一般傳播學者那樣強調大眾媒介的
決定性影響力❽。社會變遷的因果關係是一種複雜的過程，不是那麼
容易找得出來，每一種研究祇不過是假定某幾個變項間的可能相關而
已。本研究係假定大眾媒介與社會變遷之間存有某種程度的關聯，卽
是接受傳播媒介越多的人，其態度與行爲變遷越大，也卽是現代化程
度越高❾。這種過程，一方面會影響到個人性格結構的改變❿，另方
面也會影響社會結構的改變⓫。正如技術發展改變了原來的勞資關係
一樣，使經理人員與勞工間的結構複雜化 (Stark et al., 1973: 449)。
大眾媒介可能直接影響行爲，如電視宣傳某一種優良農業產品，誘使
生產者去種植；但主要還應該是改變接觸傳播媒介的人的態度，間接
影響行爲，如報紙鼓吹善行或暴行，使閱讀者的動機或價值觀念產生
轉變，最後去模倣同類行爲。不管是那一種情形，同樣的行爲多了，
就會迫使原有的社會結構產生改變。這就如 Moore 和 Boskoff 所
說，社會變遷是社會結構與功能的重要改變，這種改變與規範、價值

---

❽ Riesman (1961: 452-4) 在 1960 年重新檢討時，仍然強調它的社會化
　功能 (頁 453)，但對日益發展的大眾媒介頗爲失望 (頁 454)。

❾ 這是就好的方面而言，如果傳播內容有偏差，則結果也會變。

❿ 如 de Sola Pool (1963) 強調大眾媒介對態度或性格的改變與行動是
　一致的，目前以 Lerner (1958) 與 McClelland (1961) 的研究比較
　富有創意。

⓫ 在上述 Lerner, Inkeles, McClelland 等人的著作中都強調了這一點，
　所謂現代化社會，結構的分化或增殖是其特徵之一。並參閱 Levy, Jr.
　(1972)。

及其他文化產物有關 ⑫ 。假如從角色 (role) 和地位 (status) 來討論社會結構，價值體系或性格體系顯然是非常重要的變數 (Merton, 1957)。也就是說，如果以大眾媒介為自變項，社會變遷為依變項，價值體系就是中介變項，如下圖：

大眾媒介 ──→ 價值或態度 ──→ 社會或行為變遷

圖 3　大衆媒介與社會變遷的關係

大眾媒介可能透過或不透過中介變項而影響社會變遷，反過來，變遷或態度的不同也可能影響對大眾媒介接收的程度，這種因果關係有時候很難測定。例如 Grunig ⑬ 認為，溝通的功能之一就是導致社會變遷。

　　本研究即依照這個假設，對大眾媒介與社會變遷間的依存關係或現象作若干討論。

　　從上述一些研究結果來看，大眾媒介不僅可以改變個人的態度與行為，也可以改變社會的結構。就是說，大眾傳播在社會發展中扮演了一個重要的角色，正如 Schramm (1964: 114) 說的：「從協助國家發展來說，大眾媒介是社會變遷的媒體 (agents)」。Hovland (1954: 1062-1103) 與 Weiss (1969: 77-195) 從態度方面着眼，差不多也是肯定大眾媒介在這個面向的作用。本研究雖只是從四個社區作比較的分析，但希望對大眾媒介與社會變遷間的若干問題能獲得進

---

⑫　見 Moore (1967: 3)；A. Boskoff (1964). 前者強調結構，後者強調功能。本文作者把它合起來看。又參閱文崇一，民 63: 226-245。

⑬　Grunig (Grunig & Stamm, 1973: 586) 認為溝通在大多數社會有兩種功能：一是社會控制 (維持一致)，一是社會變遷 (尋求新的一致)。

一步的了解。事實上，大眾媒介有時也有產生失功能（Key, 1961）或增加衝突（Childs, 1964）的可能性。

二 研究方法

本研究在方法上分兩部份進行：其一是參與觀察及深度訪問，主要為搜集社區的背景資料，如社區特性、經濟狀況、宗教、領導系統；其二是問卷調查，包括問卷與量表，問卷在於瞭解個人所接收大眾媒介的內容，量表有六種，卽宗教、政治、經濟、成就、家庭、道德。

所謂參與觀察是指研究者住在實際調查的地區，有時扮演觀察的角色，有時又扮演參與的角色（Pearsall, 1965: 340-52），一方面希望從各個角度獲得較多的資料，另方面要判定這些資料的可信度。深度訪問是用來補助觀察不足的方法，這樣可以從當地的社區和羣體領導人，或活動能力較強的社區成員，取得更多更有用的資料，並且可以與其他方法所得資料相互印證。這種方法的好處是直接瞭解，有時可以看透（insighting）事實或行為的眞象，被調查者想做假都不大容易；壞處是難免不牽涉到主觀判斷，或以偏概全，沒有統計上量化的意義，所以我們也用問卷調查來彌補這方面的缺點。

問卷調查分二部份：問卷部份為個人背景資料，如性別、年齡等，及有關接收大眾媒介的興趣和頻率，如讀什麼報，每天收看幾小時電視節目等。量表是測量個人在政治、經濟等方面的態度，以瞭解個人接受現代文化的程度，也就是現代化的程度，比如我們在三個社區的比較研究中發現，對時事知識懂得愈多的人（得分愈高），現代化程度也愈高($F = 24.86$, $p < .001$)（瞿海源、文崇一，民 64: 9-10）。

基本上，我們認為這個態度量表可以測出國人在態度或價值⑭變遷的一般狀況，這種分類，大致上也可以用來討論歷史上的傳統價值問題（文崇一，民 61：287-301）。

　　由於每個社區的性質不同，施測的時間先後也有些不同，在問卷、量表、抽樣上多少有點改動，以求適用於我們所需要的樣本。以社區來說，它們代表四種不同的類型：甲村（卽西河）為一都市的郊區，具有農漁業型態，在大眾傳播上受都市的影響可能較大；乙村（卽竹村）為一稻作農村，兼有煤礦工人，距都市較遠，水電開發較晚，受大眾媒介影響可能小些；丙村（卽卓溪布農族）為一管制山地農村，保存相當濃厚的傳統親族組織，距玉里鎮不遠，但交通不很方便；丁村（樂合阿美族）為一山地與平地混合居住的村落⑮，居民約各半，距玉里鎮較遠，但有火車與公車經過。四個社區，東西部各二，平地山地各二，本質上均為水稻耕作的農村。

表 18　問卷與量表各次修改情形

社　區	大眾媒介問卷	社會態度量表
甲村	19 題	198 題
乙村	10 題	58 題
丙村	12 題	96 題
丁村	12 題	96 題

⑭　態度、價值、性格三者名稱不同，實質往往指的是一個東西。不過有人也認為有程度上的差異，其順序為：意見→信仰→態度→價值→性格。似乎越後越穩定些。

⑮　這個村子雖然住了不少平地漢人（閩南系統），但村落型態屬山地，漢人進入部落不受管制。

　　問卷與量表前後曾經過幾次修訂，依社區實質與信度、效度而定。一般而論，除漢人與山胞因文化不同而必須修改者外，信度與效度較佳的題目均被保留，故施測較後地區的題目較少，詳細情形可參閱以下各節。修改數目如表 18。

　　依施測時間順序言，最先做甲村，然後丙、丁村，最後乙村，故題目最少；依內容言，甲村最詳，但很多題均無法分析，後來的研究就把那幾題刪了；除甲村外，均增加了「雜誌」一題或二題，但分析無結果，所以在以後的相關分析中未討論。量表的情形較為穩定，除甲村因題目太多分屬兩個樣本外（宗教量表與其餘量表分為兩個樣本施測），其餘三村均為一個樣本。

　　抽樣係採隨機抽樣辦法，以戶籍資料上的現住民，抽取15歲以上的人為樣本。抽樣時控制性別與年齡二項，甲村按人口比例抽取，其他三村則大致平均抽取。年齡則自 15 歲以上分三組，即：低齡組，15-30 歲；中齡組，31-45 歲；高齡組，46 歲以上（46+）。其分配情形如表 19。

表 19　樣本分配數

年　齡	男	女	總計	說　　　　　明
甲村A組　15-30	26	25	51	本樣本施測宗教行為與宗教
31-45	14	16	30	態度。原樣本不足時再抽補
46+	10	12	22	充樣本。
總　　計	53	50	103	
甲村B組　15-30	27	29	56	本樣本施測政治、經濟、家
31-45	15	15	30	庭、成就、道德五種態度及
46+	10	13	23	一般社區問卷。原樣本不足

	總　　計	52	57	109	時再抽補充樣本。
乙村	15–30	31	35	66	原抽樣本 300，實得數 7 成
	31–45	30	32	62	不到；預備樣本同時抽出。
	46+	40	34	74	
	總　　計	101	101	202	
丙村	15–30	30	30	60	原抽樣 178；不足時再抽補
	31–45	27	30	57	充樣本。
	46+	30	29	59	
	總　　計	87	89	176	
丁村	15–30	30	30	60	原抽樣 180；不足時再抽補
	31–45	30	30	60	充樣本。
	46+	30	30	60	
	總　　計	90	90	180	

　　農村居民，特別是青年男性的流動率很大，許多人被抽到了，人卻早已出外地工作（戶口未遷出），不得不以補充樣本代替。有時代替樣本也不在，只得再找代替人。最後有少數人實在無法代來代去，只要找到合適的人就做。代替的原則是相同的性別與年齡組，因為不這樣的話，更容易引起統計上的麻煩。山地的情形好些，原因是他們比較合作。

　　全部問卷與量表均由臺大心理學系、社會學系、考古人類學系和政大的民族社會學系的同學去直接逐條問答，祇有少數由被訪者自填，其間語言上或解釋上的誤差可能難免，特別是山地的，高齡組多半還得透過翻譯，但這是目前無法解決的問題。我們在出題目時只好

儘量把它口語化，甚至閩南語化，這從量表的語句可以看得出來。

所有量表經過項目分析後，其有效的題目：甲村為 93 題，乙村為 36 題，丙村為 95 題，丁村為 96 題。以下在分析與討論時所提到的態度量表總分，即是指 93 題，36 題之類的總分。我們將會用這些分數來與大眾媒介作比較，以觀察兩者之間的相關程度及其與某些自變項間的變遷情形。大眾媒介本身也作相關分析，以瞭解它們間的互動關係，這裏所說大眾媒介是指：聽收音機、看電視、看電影、閱報、訂報、時事六種。量表「傳統──現代」做兩極劃分❶，總分高的代表偏向傳統，低的偏向現代。這也就是我們在文中會常常提到的「社會態度」。

三　四個社區的比較分析

（一）甲村

甲村位於臺北市郊區，一個具有中國傳統文化較濃、開發較早的農村。大約在清康熙 51 年 (1712) 就已經開發，其後漸演變成為一農、漁村落（文崇一等，民 64: 1-2, 29-44）。早期，因淡水河與基隆河之便，附近又有幾十甲稻田可以耕種，經濟情況還不算太壞；可是近年來，淡水河污染了，農地常為海水倒灌，許多居民就不得不設法轉業。

開發的初期，交通非常不便，幾乎是一個孤立的村落，只有靠河上船行來往。後來通了淡（水）北鐵路，人際關係擴大了不少，但基本的超社區關係仍在淡水。其後又築了公路，不但把這個村落的許多

---

❶　這種分類並不很理想，但是，也似乎沒有什麼更好的辦法。像 Lerner 用三分法，傳統、轉變與現代，同樣有缺點。

社會經濟關係帶到北投，也帶到臺北。57年臺北市改制，該村併入為大臺北區域的一部份，為兩條民營巴士站的終點，才成為一個真正的郊區。不但對臺北市的交通量增加，人際關係增加，大眾傳播也增加了，其中最明顯的當然是電視。

　　這個村的親族組織似乎一向就很鬆懈，有幾個大姓，卻不是傳統的組織；另外一種傳統組織而加上現代功能的兄弟會倒頗有影響力，它在某些方面擔任了家族的角色。宗教信仰上有三個大廟，活動非常多，並且多是超社區的宗教組織。政治的領導系統上有兩個派別，有一點互相牽制的作用，實際上兩派的領導人出於一個兄弟會。他們不但對政治有實質的影響力，對經濟、宗教、社會也有影響力。就整個社會來說，有它傳統的一面，也有它現代的一面。

　　這個村落共482戶，2,792人，其中男性1,457人，女性為1,335人。樣本分配如表2甲村，A組103人，B組109人。態度量表分六種，即：政治、經濟、家庭、宗教、成就、道德。實測的大眾媒介分為五種，即：電影、收音機、電視、報紙（分訂報、閱報兩項）、時事，故實際為六項。先從行為上分析對大眾媒介接收的情形，即量的變化；再分析接收的內容，即質的變化；然後討論大眾媒介與現代化程度間的相關性。

　　首先我們要瞭解個人接受大眾媒介的頻率，但從實際次數分配來看，由於單位不一致，如電影以每週多少次計算，電視以每天多少小時計算，很不容易比較，所以一律把它標準化，比如看電視：2小時以上，三分；2～1小時，二分；不到1小時，一分；不看，0分。比較簡單的如時事題，知道的，三分；不知道，0分。依照這種標準化以後，各年齡組與性別間的平均數如下表。

表 20　甲村性別與年齡組對接收大眾媒介的平均數

			I 收聽廣播	II 看電影	III 看電視	IV 閱報	V 訂報	VI 時事
男 性	低齡組	平均數	2.08	1.81	2.58	2.31	1.38	2.54
		標準差	.96	.62	.97	.82	1.50	1.08
	中齡組	平均數	1.53	1.60	2.73	2.40	1.00	2.00
		標準差	1.15	.88	.77	.49	1.41	1.41
	高齡組	平均數	.55	1.55	2.36	1.91	1.36	.82
		標準差	.89	.78	1.15	1.24	1.50	1.34
女 性	低齡組	平均數	1.96	1.67	2.40	2.00	1.44	1.78
		標準差	1.14	.72	.99	.82	1.50	1.47
	中齡組	平均數	.40	1.33	1.80	.40	1.20	.40
		標準差	.61	.60	1.47	.80	1.47	1.02
	高齡組	平均數	.18	1.00	2.00	.45	1.09	.27
		標準差	.39	.85	1.28	.99	1.44	.86

　　以上各項，從性別與年齡觀察，I，IV，VI三項差異較大，II，III，V三項的差異較小。以第I項聽收音機為例，低齡組男女平均數不但較高，而且相當接近；中齡組平均數較低，男女差距很大；高齡組就更大。反之，以電視為例，各組平均數相當接近，看不出什麼差異。而在第V項訂報一欄，不但平均數差不多，標準差也幾乎相同。這種分配在實質上的意義如何呢？從下表可以瞭解。

表 21　甲村接收大眾媒介在年齡與性別上的差異

	I 聽廣播	II 看電影	III 看電視	IV 閱報	V 訂報	VI 時事
性別	5.45*	3.11	3.78	35.65***	.01	14.24***
年齡	25.91***	3.30*	.74	12.49***	.43	13.71***
性別 × 年齡	2.79	.61	1.14	9.97***	.16	1.56

　　　F 檢定，性別 df＝1，年齡 df＝2
　　　*p＜.05　　　***p＜.001

上表說明，聽廣播、閱報、時事三者無論在性別和年齡上均有差異，而且顯著度極高；看電影只在年齡上有差異，且不大；閱報則在互動效果上也有極顯著差異，其餘各項無互動效果；看電影與訂報在年齡與性別上均無差異。這說明 I，IV，VI 項在表 20 所表現的差異有統計上的意義，即因年齡與性別的不同，在三種行為上呈不同的反應。以

表 22　甲村大眾媒介間的相關

	I 聽廣播	II 看電影	III 看電視	IV 閱報	V 訂報	VI 時事
I	1	.35*	.16	.51***	.10	.53***
II		1	.04	.36*	.09	.17
III			1	.30	.11	.19
IV				1	.27	.62***
V					1	.23
VI						1

　　　*p＜.05　　　*** p＜.001

閱報一項為例，也可能牽涉到「知識程度」一因素，因為甲村的年輕人和男人識字率較高。訂報多半是全家一份，還有里鄰長都是贈報，所以訂報者未必就是閱報者；看電視，在臺灣，幾乎是每個人的嗜好，尤其是在農村，真是無分男女老幼。兩項在性別與年齡上均無差異，是可以想見的。從另一方面來說，六種項目間有沒有互動關係存在？就像上述年齡因素與時事知識有高相關一樣，閱報與時事間是否也應該有高度相關？我們先看上表 22。表中傳播媒介內部，電視與訂報不跟任何其他媒介有顯著相關，即兩者間也如此，這種現象與上述性別、年齡的情形完全一致。聽廣播與閱報、時事呈高度相關，從傳播消息這個角度來看，它們是同一類型的媒介，很容易理解；但為什麼和看電影有低度相關呢？閱報與看電影間也差不多有同樣的相關程度，又是為什麼？是否兩者與電影廣告有某種依存關係？至於閱報與時事間的高度相關是很容易理解的事。就幾種媒介來看，以聽廣播、閱報、時事三者為最重要，其中尤以閱報為然。

　　這種分析係以頻率來測定，實際頻率本身不是問題，它只反映行動者的態度或行為方式而已，所以它可能與個人喜好程度的關係更

表 23　甲村喜好在不同大眾媒介上的反應

廣播	歌唱	廣播劇	歌仔戲	新聞	其他				
	-1.40	-2.06*	1.64	-1.81	-.71				

電視	電視劇	布袋戲	歌仔戲	歌舞	外國片	新聞	其他		
	1.05	1.56	4.47***	-1.36	-4.45***	-1.45	-.04		

報紙	國內	國外	社會	地方	體育	經濟	娛樂	副刊	其他
	-1.50	-2.31*	-2.38*	-2.06*	-2.60*	.30	-.40	-2.95**	1.45

t 檢定　　* p<.05　　** p<.01　　*** p<.001

大。上面我們擇定廣播、電視、報紙三者作為分析的對象。上表係以個人喜好來測定得分多寡，凡得正分者表示態度傾向傳統，正分越大，傳統性越高，反過來說，就是越是傳統性高的人越喜歡此類節目或內容；得負分者表示態度傾向現代，負分越大，現代性越高，反之，就是越是現代性高的人越喜歡此類節目或內容。表中得正分而具極顯著水準的只有電視的歌仔戲，其餘均無顯著性，也即是，喜歡看歌仔戲的人，態度上比較傳統。收音機的廣播劇，報紙的國外、社會、地方、體育均顯著負分；報紙的副刊很顯著負分；電視的外國影片極顯著負分，也即是，喜歡這類節目或內容的人，態度上比較現代。一般而言，這種分配與實際情形大致相當符合，比如，在電視上看外國影片的多半不喜歡看歌仔戲。

現在我們要再進一步分析，現代化程度（或說現代性）與大眾媒介，與媒介的內容究竟有多大相關？先看下二表。

表 24　甲村大眾媒介頻率與社會態度的相關

大象媒介總分	聽廣播	看電影	看電視	閱報	訂報	時事
-.52***	-.50***	-.36***	.07	-.52***	.07	-.49***

*** p<.001

表 25　甲村各種傳播內容與社會態度的相關[a]

廣播	歌唱	廣播劇	歌仔戲	新聞	其他				
	-.13	-.22*	.18	-.18	-.08				
電視	電視劇	布袋戲	歌仔戲	歌舞	外國片	新聞	其他		
	.10	.15	.33*	-.13	-.38*	-.13	0		
報紙	國內	國外	社會	地方	體育	經濟	娛樂	副刊	其他
	-.14	-.22*	-.21*	-.20*	-.28*	.03	-.03	-.28*	.10

* p<.05　　[a] 相關係數均為 r_{pbi}

表 24 除電視與訂報外，無論大眾媒介總分或分項分數均與現代性呈極顯著相關。也即是說，看電視、訂報與個人現代化程度無關，不同思想類型的人可以花同樣多的時間在電視機前面，只是內容有不同罷了；至於訂報，我們在前面討論過，全家一份報，訂與閱可以非同一人。聽廣播、看電影、閱報、時事，在個別次數分配上均呈負相關，它的意義表示現代性的高低。這究竟是傳播媒介內容影響了接收者的態度，還是現代性較高的人更願意接觸傳播媒介？而大眾媒介總分與現代性呈高度負相關，因而我們可以說，從接觸大眾媒介的總量來衡量，它和現代性間的互動關係是種類和次數越多的人，現代性也越高，或者反過來。

從傳播內容來看，21 項中祇有 8 項與現代性呈顯著相關（p＜.05）。其中一項，歌仔戲呈正相關，即越喜歡它的人，傳統性越高；其餘七項，廣播劇、外國影片、國外、社會、地方、體育新聞、副刊呈負相關，即越喜歡它的人，現代性越高。這個現代性相關分析的結果實際與表 23 喜好程度的結果是一致的，這種結果，我們可以從兩方面來解釋：一是每種傳播媒介影響個人現代性的以上述 8 項為主，其中以報紙的影響面較廣，佔有 8 項中的 5 項；二是每種傳播媒介的影響力實際決定於其中的幾項，並非所有的傳播內容均與現代性呈顯著相關。這種情形，特別反映在收視率甚高的電視上。

從以上的初步分析，對甲村可以得到下述幾點結果：

（1）甲村早期雖是一個比較孤立的農漁村落，近年來卻已成為大都市的郊區，交通方便，職業工人增加，使用大眾傳播工具甚為普遍，其中以電視為最。

（2）接收大眾媒介只在聽廣播、閱報、時事有年齡與性別上的極顯著差異（聽廣播在性別上祇具顯著差異）；看電影在年齡上有顯著

差異；閱報在性別、年齡的互動效應上有極顯著差異；看電視、訂報沒有差異。這種狀況，與大眾媒介本身的相關性方向是一致的。

（3）對三種大眾媒介內容喜好程度、三種大眾媒介內容與現代性的相關，以及大眾媒介頻率與現代性的相關，其結果是一致的，即不同媒介與現代性有關，不同內容與現代性有關；接收頻率與種類越多的越現代化，接收現代傳播內容的也越現代化。

（4）現代化傾向或程度是指現階段的社會變遷，大眾傳播可能直接影響行為，也可能透過社會態度影響行為，所以若干傳播工具在年齡、性別、內容上都表現不同的影響力，這樣就會使社會的結構或功能產生變化，也會使既存的衝突現象擴大或減緩。

（二）　乙村

乙村是十幾個以農業為主的村落組合而成，為現今行政區的兩個里。清嘉慶年間（1796-1820）開始有人在那裏從事墾荒的工作，以後逐年增加，灌溉系統也有了改善，就漸漸形成一些星羅棋佈的大小村莊，最早的距離現在已經有 150 多年了，最晚的也有 80 年的歷史。

這些村莊，大部份以農業為主，小部份從事礦業或以礦為副業，一直到現在，它的變化不大。它還保持了相當程度的農業行為特徵，如居住的低流動率，重視親戚關係，男女社交保守等。早期，由於地形阻隔，交通又不方便，不僅對外關係少，村際間關係也不多，因而每一村落的孤立性相當大。近些年來，公共汽車通了，電力引進了，水利系統改善了，新型工廠也設立了，收音機、電視更是非常普遍。

乙村可以說沒有傳統的親族組織，他們利用聯姓的辦法，透過宗教行為來解決社區問題。宗教信仰也相當單純，媽祖廟是兩個里十幾個村的信仰中心，許多社區事務都在廟裏集會商討。

　　由於近年來社區工廠逐年增加，從事工業的工人，特別是女工便越來越多。這些人不但改善了家庭經濟和改變了原有的職業結構，而且使兩性分工受到挑戰，為了爭取女性的工資，男人不得不把多餘的時間留在孩子身邊，而讓太太在工廠裏工作八小時。因而乙村的女性潛在勞動力已降低到最低限度了(11%)，家庭體系卻並不因改變兩性分工而受到影響。

　　這些村莊的領導系統一向以里長、鎮民代表或曾經服務公職的人員，如縣議員為中心，他們的社會經濟地位較高，知識程度也較高。社區領導人，特別是最高階層與鎮公所的權力結構有很大的依存關係。社區權力實際分配在少數人手裏，成員間溝通的機會也不多，這種權力結構有些像金字塔式的，有時候又有點像黨派式的。

　　民國62年乙村有6,932人，其中男性3,595人，女性3,337人，15歲以上佔56.29%。所抽樣本男女各101，共計202人，其分配如表19乙村。有關大眾媒介項目，及計算方法完全與甲村相同。但有幾點小的差異：一是增加了雜誌一項，卻沒有得到結果；二是時事題目改為一題，其中卻有8小題，三是量表題目簡化為58題。所有問題的內容實質與方向均無變更。

　　乙村是一個純農業區，比甲村更孤立，用電也晚得多，它所鄰近的商業區只是一個小鎮。這樣的情形，在大眾傳播上會有什麼變化呢？

　　首先我們要了解不同性別、年齡對大眾媒介接收的次數分配，經標準化（0，1，2，3給分）後其結果如表26。在表26中，六個項目得分普遍高的是低齡組的男性，尤以時事、電視、閱報為最；以兩項得分高而相當於同組男性的是低齡組女性，電影與電視；中、高齡除在電視一項中得分較高外，其餘普遍偏低。照這種狀況，我們甚至

表 26　乙村不同性別、年齡接收大眾媒介的平均數

		男	性		女	性	
		低齡	中齡	高齡	低齡	中齡	高齡
Ⅰ 聽廣播	平均數	1.87	.42	.30	1.06	.06	.06
	標準差	1.23	.71	.60	1.09	.24	.24
Ⅱ 看電影	平均數	1.83	.90	1.31	1.91	.75	1.15
	標準差	.82	.93	1.09	.81	.94	1.09
Ⅲ 看電視	平均數	2.40	1.74	1.69	2.40	1.41	1.65
	標準差	.80	1.19	1.07	.87	1.14	1.13
Ⅳ 閱　報	平均數	2.20	.54	.90	1.00	.19	0
	標準差	.87	.94	1.24	1.04	.58	0
Ⅴ 訂　報	平均數	1.20	.29	.69	.69	1.03	.35
	標準差	1.47	.89	1.26	1.26	1.42	.97
Ⅵ 時　事	平均數	3.33	1.68	.97	1.00	.31	0
	標準差	2.44	1.63	1.78	1.51	.85	0

可以說，在這些村子裏，31 歲以上的男女性，除電視外，對大眾媒介普遍缺乏興趣。那麼性別、年齡間的差異究竟有什麼實質的意義？如表27 Ⅰ，Ⅳ，Ⅵ 在每一類別上都有顯著或極顯著的差異；Ⅱ、Ⅲ祇在年齡上有極顯著差異；Ⅴ只在互動效應上有很顯著差異。也卽是說，對 Ⅰ，Ⅳ，Ⅵ 三種大眾傳播，因年齡、性別的不同會有不同的收聽、

表 27　乙村大眾媒介頻率在性別、年齡上之差異

	性　　別	年　　齡	性別×年齡
Ⅰ 聽廣播	13.22***	52.61***	4.44*
Ⅱ 看電影	.15	19.12***	.43
Ⅲ 看電視	.35	11.89***	.63
Ⅳ 閱　報	36.94***	34.56***	6.03***
Ⅴ 訂　報	.04	1.70	4.80**
Ⅵ 時　事	42.54***	17.29***	5.65***

F 檢定　　* p<.05　　** p<.01　　*** p<.001

收視、和閱讀率；Ⅱ，Ⅲ 兩種則只有年齡的因素存在，年輕的看得較多；第Ⅴ種的情形似乎不太能確定。表 26 與表 27 的分配與結果是一致的，卽是，在某種程度內，不同的性別與年齡對大眾媒介會有不同的反應，這在接收的頻率上可以看得出來。

　　所謂接收頻率，一方面固因性別、年齡的不同而有變化；另方面也因傳播內容和方式的不同而產生影響。所以瞭解大眾媒介內部相關性的有無和高低，有助於我們瞭解其內容。下表是它們間的相關。

表 28　乙村大眾媒介本身的相關

Ⅰ	Ⅰ 聽廣播	Ⅱ 看電影	Ⅲ 看電視	Ⅳ 閱報	Ⅴ 訂報	Ⅵ 時事
Ⅰ	1	.32***	.25***	.53***	.14*	.47***
Ⅱ		1	.18**	.28***	.09	.14*
Ⅲ			1	.26***	.07	.21**
Ⅳ				1	.44***	.59***
Ⅴ					1	.28***
Ⅵ						1

* p<.05　　** p<.01　　*** p<.001

表28顯示，除訂報與看電影、看電視無相關外，其餘各種傳播媒介都分別有顯著、很顯著、或極顯著相關，特別是「閱報」，與任何一種都有極顯著相關。這種相互間的高度相關性，可能就是每一種傳播內容本身有某種程度的關聯，比如，閱報與訂報重疊。但訂報為什麼與聽廣播有關呢？這種問題目前尚無法解釋。

　　這種大眾媒介本身的相關性實在已經很高，現在我們要了解個人喜好這些媒介的情況。

表 29　乙村個人喜好大眾媒介的反應

廣播	廣播劇 *** −4.64	地方戲 .02	歌　唱 ** 2.71	英文 * −2.56	新聞 .10	其他 −.08		
電視	電視劇 *** 5.48	地方戲 0	歌　舞 ** −3.07	外國片 *** −7.55	新聞 ** −2.71	其他 −.83		
報紙	國內版 *** −5.88	國外版 −7.47	社會版 *** −2.65	地方版 −2.82	體育版 −2.63	經濟版 ** −1.42	娛樂版 −.77	副　刊 *** −5.82

其他 1.72

t 檢定　　* p<.05　　** p<.01　　*** p<.001

表中地方戲劇得分甚低，無顯著性。正分者，歌唱很顯著，電視劇極顯著，表示喜歡此類節目的人傳統性較高，越喜歡的就越高。這可能由於這些節目的內容目前都比較傾向表現傳統，因而所吸收到的聽眾與觀眾也偏向此處。其餘各項具有顯著、很顯著、或極顯著差異者均屬負分，表示嗜好此類節目的人現代性較高，表中如新聞、外國影片、英文之類比較易於理解，但廣播劇、歌舞也是負方向就不無疑問，是否由於兩種節目的內容與表現方式較接近現代，因而吸收了具有這種

性格傾向的人？副刊有極顯著差異，很值得注意，也許透過這個途徑可以增加個人對現代環境的適應。

　　現在我們可以進一步討論大眾傳播與個人現代化程度之間的若干問題。下二表可以看出一個大概。

表 30　乙村大眾媒介頻率與社會態度的相關

大眾媒介總分	聽　廣　播	看電影	看電視	閱　報	訂　報	時　事
−.64***	−.49***	−.25***	−.26***	−.54***	−.23***	−.59***

*** p<.001

表 31　乙村各種傳播內容與社會態度的相關

廣播	廣播劇	地方戲	歌　唱	英文	新聞	其他		
	−.31***	0	.15*	−.19**	.01	−.01		
電視	電視劇	地方戲	歌　舞	外國片	新聞	其他		
	.29***	0	−.22**	−.44***	−.20**	−.05		
報紙	國　內	國　外	社　會	地方	體育	經濟	娛樂	副刊	其他
	−.35***	−.46***	−.17	−.20**	−.18**	−.11	−.03	−.37***	.06

* p<.05　　** p<.01　　*** p<.001

從表 30 可以了解，所有的傳播媒介均與現代性呈高度負相關，這表示次數越多的，現代的傾向越高。表 31 說明，地方戲劇與現代性無關，收音機新聞也無顯著關係；歌唱、電視劇與傳統性呈正相關，即這兩種傳播內容的傳統傾向較多；其餘各項均與傳統性呈負相關，即

其內容具有較多的現代化傾向。從傳播內容與現代性相關的顯著度來看，顯然以廣播劇、外國影片、國內新聞、國外新聞、副刊、電視劇為最，但最後一種屬於傳統方向。

　　現在我們對乙村可以得到下面幾點結果：

　　（1）乙村原為十幾個偏僻的農村，一向以務農、礦為生，對外交通不多亦不便。後由於電力及社區工廠的創設，對外溝通才較有改善，利用傳播工具的機會也就多了。

　　（2）除了極少數，大眾媒介的頻率在性別、年齡上多有差異的顯著度，其互動效應也是如此。在媒介本身的相關性則稍有不同，可能看電視與看電影的確是性別上的沒有差異（表27，28）。

　　（3）個人喜好（表 29）及傳播內容與現代性（表 31）的方向是一致的，也許可以把三者連起來，即現代性表現在個人喜好上，而傳播內容表現了喜好的程度，也就是現代化程度。這也正好說明了現代性總分何以與大眾媒介總分、與各類媒介均呈高度負相關的原因。

（三）　丙村

　　丙村是一個山地管制區，雖然距離玉里鎮甚近，漢人卻是不能隨便進去。由四個部落組成，以山田與水稻並存的農業形態從事耕作，經濟情況並不很好。這個村是一個父系社會，兩性分工有點像漢人，但沒有那樣嚴格劃分。由於勞力的不足，在農耕工作上經常採行換工的辦法，換工實際就是一種幫工團體，這種團體對於彼此溝通意見還有不少用處。

　　這個社會由於是一個相當嚴格的父系氏族，又實行部落內婚制，所以整個社區內親戚關係相當複雜。近年來因基督教長老會的勢力越來越大，許多儀式性行為都由教會取代，一些以前的氏族團體，如豬

團、耕作團、豐年祭團，才漸漸失去了功能。另一方面，教會也介紹了一些新的文化因素到這個社會，一如鄉公所、政黨、農會把現代的若干政治、經濟觀念介紹進來是一樣的重要。

從前，這個社區由氏族領導，現在的領導人卻是鄉長、村長、鄉民代表及長老會牧師，他們間的權力分配雖不平均，權力結構的形式卻已經變了，即是由氏族羣轉移到政黨與教會手裏。

從另一個角度看，這個山地農村居民的職業已有不少轉變，比如從前絕大部份人從事山田和水田耕作，而在我們做的 176 個樣本中，從事農業的卻只有 74 人，佔 42%，工及自由職業等有 101 人（另一人未答），佔58%，可見轉變是很明顯的。這種職業種類的增加與地區的擴大，對於溝通外界和改善經濟生活是有利的。同時，識字率也有顯著增加，如父一代的識字率祇有 37%（不識字佔 63%），子一代已經增加到了77%（不識字佔23%，而這個數字幾全屬老年人）。識字率的增加不僅對轉業有利，對接收大眾媒介也有利。

丙村共 171 戶，1,033人，其中男 567，女 466（民國62年），戶口不算多，分佈的地區卻比較廣。樣本結構如表 19 丙村，男 87，女 89，共 176人。問卷與乙村同，僅時事測驗一題小有修改；量表共 95 題，經項目分析，均有效。

瞭解了一般社會情況之後，現在可以討論大眾媒介的問題。首先要分析的是不同性別、年齡在大眾媒介頻率上的差異，其分配如表32（給分標準同前）。從標準化後的平均數來看，以低齡男性在各項媒介接收上所佔次數最高，其次是低齡女性，而高齡女性最低。以傳播媒介言，看電影在各年齡組次數分配最接近，且相當高；而訂報最低，訂報的標準差在每組的比例上也算最大，高齡組女性的閱報次數且為零。事實上，在整個樣本(176)中僅 15 人訂報，155 人未訂；看報則

表 32　丙村不同性別、年齡接收大眾媒介的平均數

		男	性		女	性	
		低齡	中齡	高齡	低齡	中齡	高齡
Ⅰ 聽廣播	平均數	2.47	1.85	.87	2.50	1.33	.66
	標準差	.96	1.24	1.18	.85	1.33	1.12
Ⅱ 看電影	平均數	2.10	2.19	1.67	2.53	2.17	1.38
	標準差	.98	.90	1.16	.50	1.07	.96
Ⅲ 看電視	平均數	2.23	1.00	.57	1.43	1.33	1.03
	標準差	.76	1.33	1.15	1.31	1.37	1.35
Ⅵ 訂　報	平均數	.80	.11	.20	0	.20	.10
	標準差	1.33	.57	.75	0	.75	.55
Ⅴ 閱　報	平均數	2.17	1.30	.50	1.97	.23	0
	標準差	.73	1.12	.92	.60	.72	0
Ⅳ 時　事	平均數	2.67	1.48	1.13	1.63	1.10	.62
	標準差	1.20	1.03	1.06	1.14	1.08	1.06

不受限制，而從不看報的也有 86 人之多。

　　上面談的是各年齡組在平均次數上的差異，現在我們要進一步瞭解這種差異究竟具有何種意義，即具有什麼程度的顯著性。

表 33　丙村性別、年齡在不同媒介上的差異

	性　別	年　齡	性別×年齡
Ⅰ　聽廣播	1.62	33.90***	.92
Ⅱ　看電影	.15	11.19***	2.07
Ⅲ　看電視	00	10.48***	4.61**
Ⅳ　訂　報	5.58*	1.94	5.28**
Ⅴ　閱　報	24.78***	87.72***	4.62**
Ⅵ　時　事	14.79***	20.15***	1.44

F檢定　　* p<.05　　** p<.01　　*** p<.001

性別在前三項大眾媒介無差異；年齡在第Ⅳ項無差異；性別×年齡在
Ⅰ，Ⅱ，Ⅵ項無差異；年齡在其餘五項有極顯著差異；第Ⅴ項閱報在三
種關係上有極顯著或很顯著差異，這是否意味着閱報的區別力較大？
比如表32高齡組女性不看報，男性也極少；而低齡組男、女性看報率
均極高。事實上閱讀報紙頻率與量表現代化程度總分也有極大關係，
卽看報越多的人現代化程度越高。下表可爲參考。

表 34　看報紙與量表總分之分析

	未　答 (n=4)	每天看 (n=17)	有時看 (n=69)	從不看 (n=86)	F　値
平均分數	361.25	302.00	319.19	333.86	15.14***
標　準　差	20.47	24.23	20.48	23.87	

*** p<.001

這個表祇是作爲一種補充說明，從量表總分與它的關係來看，現代性

依「每天看」(302)→「有時看」(319)→「從不看」(333)而逐漸減低。顯示看不看報紙與現代性有關。

另方面，從大眾媒介本身的相關性也可以看出它們之間的互動關係，如表 35。

表 35　丙村大眾媒介本身的相關

	I 聽廣播	II 看電影	III 看電視	IV 訂報	V 閱報	VI 時事
I	1	.34***	.19**	.23**	.59***	.49***
II		1	.16*	.02	.30***	.21**
III			.1	.18**	.33***	.35***
IV				1	.31***	.36***
V					.1	.55***
VI						1

* p<.05　　** p<.01　　*** p<.001

除了看電影與訂報之間無相關外，其餘各項均有高低不等之相關，而閱報與他種媒介均為極顯著相關。這種情形顯得有點複雜，比如訂、閱報呈極顯著相關（r=.31）；但我們知道樣本中（176）只有 15 人訂報，是否即說明兩者為不可分？而看電影、看電視與閱報也有那麼高的相關，目前還不知道應從那個方向去解釋。

大眾媒介本身的相關性與個人喜好或個人現代化程度有無關聯呢？這是一個值得探討，也是我們希望瞭解的問題。現在我們要分析的，第一是頻率與現代性的關係，第二是內容與現代性的關係（此處計算方法與下節丁村同，但與上述甲、乙村不同）。

表 36　丙村大眾媒介與社會態度間的相關

大眾媒介總分	聽 廣 播	看電影	看電視	訂 報	閱　報	時　事
−.26***	−.21**	−.05	−.03	−.10	−.33***	−.29***

** p<.01　　*** p<.001

表 37　丙村個人喜好節目內容與量表現代性間的分析

量	聽 廣 播	未　答	廣播劇	地方戲	歌　唱	新　聞	其　他	F　值
表	n=	26	20	2	97	22	9	
總	平均分數	338.81	326.80	315.50	325.28	309.36	331.22	3.67*
分	標 準 差	24.21	18.61	6.36	26.89	20.37	8.53	

量	看 電 視	未　答	電視劇	地方戲	歌　舞	外國片	新　聞	其　他	F　值
表	n=	93	36	6	22	9	5	5	
總	平均分數	329.49	332.50	326.67	315.36	293.78	314.80	317.20	4.55**
分	標 準 差	21.53	28.37	24.17	23.87	26.82	26.06	17.05	

量	閱　報⑰	未　答	國內版	國外版	社會版	地方版	體育版	其　他	F　值
表	n=	90	26	8	37	9	2	2	
總	平均分數	335.14	319.00	298.00	315.70	317.44	332.50	324.50	6.07***
分	標 準 差	24.32	23.35	17.88	23.84	13.53	6.36	12.02	

(1) 本題原列有經濟、娛樂、副刊，前二者各1人，後者為0

* p<.05　　** p<.01　　*** p<.001

從表 36 可以看出，看電影、看電視、訂報三者的頻率與現代性無關；

---

⑰　三種大眾媒介是指廣播、電視、報紙。

其餘三項及總分均與傳統性呈高度負相關，這有兩種意義：一種是接收這三種媒介越多的，現代性越高，或現代性越高的接收得越多；二是媒介總分（指六項總分而言）的量可以影響現代性，或現代性影響接收量的高低。

　　表 37 說明兩件事：一是個人現代性量表總分與喜好三種傳播媒介節目內容分別有 .05（廣播），.01（電視），.001（閱報）的顯著度，即表示這種關係是成立的，也即是個人的喜好傾向有實質上的差異；二是在喜好每一類傳播媒介中，分數越低者表示現代化程度越高。以表 37 中的兩極關係而言：聽廣播，最低為聽新聞（309.36），最高廣播劇(326.80)[18]；看電視，最低看外國影片(293.78)，最高電視劇(332.50)；閱報，最低國外新聞（298.00），最高體育新聞(332.50)[19]。最低的三類很容易理解為具有高度現代性，最高的三類卻有點出乎我們意外[20]。

　　對於丙村，依照上面的分析，有以下幾點結果：

　　(1) 丙村是一個山地管制村，雖然近年來職業及教育的變動相當大，對外交通難免不受到影響；使用大眾媒介的頻率也不能算很高。

　　(2) 使用大眾媒介在年齡上之差異較大，在性別及其與年齡互動效應上較小，表 32 所顯示之次數，低齡組最高，高齡組最低，具有實質的辨別力。

　　(3) 把大眾媒介當作整體看，與現代性有關；分開來看，則有的有高相關，如閱報、時事；有的無相關，如電影、電視、訂報。以喜好節目內容言，則新聞之類表現現代性較高；電視劇、廣播劇之類表

[18]　「未答」一項雖得分甚高，但無法討論，姑置不論。以下同。

[19]　本欄僅二人，可能誤差較大。第一欄「地方戲」(2) 同。

[20]　除非第 I、Ⅲ類的「未答」者可以代表更傳統性的個人，但無法確定。

現現代性較低。

（四） 丁村

丁村是一個開放的山地農村，這個村可以分成兩部份：村的入口處是漢人（閩南）社會，雜貨店、公路、鐵路車站均在附近，阿美人去玉里鎮也必須經過此處；裏面是山地部落，雙方居民可以自由出入來往，無任何限制。

本節所討論的只限於山地部份。和丙村一樣，這是個旱田與水田並存的農村，但在17年前已使用耕耘機，耕作方法可以說比較進步。距玉里鎮比丙村遠些，卻有較多的交通工具可以利用。

這個村有兩大特點：其一是母系社會，女性地位比較高，不但隨妻居，而且由女性，特別是長女繼承財產，氏族是活動中心，也是外婚單位；其二為年齡階級，每個人在一定年齡加入某一年齡級，我們也可以叫它為年齡羣，每隔數年升一級，在這個基礎上青年必須服從老年。不過，近10多年來，這些「固有文化」已經有很大的改變：受漢人影響，母系、父系並存，甚至在一家中也有這種現象；年齡羣不再像以前那麼嚴格執行，甚至變得有名無實。

在社區權力上，氏族還是相當重要，最主要的領導權在頭目手裏，其下有里長、鄰長、顧問等；其次是神父，他以宗教的力量經常參與社區事務；第三婦女會長，她擁有對婦女事務的發言權，可能是母系社會的關係。

丁村有231戶，1,635人，其中男875人，女760人。問卷、量表與丙村全同。樣本結構見表19丁村，計180，男女各90。量表的有效題目為96題（經項目分析）。

現在我們首先要瞭解的是大眾媒介對不同性別、年齡間的次數分

配情形。

表 38　丁村不同性別、年齡組接收大眾媒介的平均數

		男	性		女	性	
		低齡	中齡	高齡	低齡	中齡	高齡
Ⅰ 聽廣播	平均數	2.63	1.29	1.03	2.30	1.20	.93
	標準差	.75	.99	1.10	1.01	.98	1.08
Ⅱ 看電影	平均數	1.97	1.23	1.59	2.23	2.43	1.76
	標準差	.60	1.10	1.03	.50	.50	.73
Ⅲ 看電視	平均數	1.90	.52	1.03	1.73	2.30	1.41
	標準差	1.30	.98	1.27	1.12	1.10	1.47
Ⅳ 訂　報	平均數	1.00	.48	.41	.60	.20	.31
	標準差	1.41	1.10	1.03	1.20	.75	.91
Ⅴ 閱　報	平均數	2.30	.77	.48	1.83	.17	.14
	標準差	.78	1.16	.97	.90	.64	.51
Ⅵ 時　事	平均數	2.23	1.68	.83	1.23	1.33	.24
	標準差	1.05	1.00	1.12	1.26	.70	.50

一般而論，在次數分配上低齡組男性最高，女性次之，而高齡組女性
最低；看電影與看電視以低、中齡組女性偏高，其中尤以中齡組為
最，兩組標準差均較小；訂報普遍低，而標準差極大。這種差異的實
際關係如何呢？我們再看下面的檢定。

表 39 丁村性別、年齡在不同媒介上的差異

	性　別	年　齡	性別×年齡
Ⅰ 聽廣播	1.31	36.84***	.30
Ⅱ 看電影	21.96***	4.42*	7.77***
Ⅲ 看電視	13.36***	3.61*	10.00***
Ⅳ 訂　報	2.51	3.24*	.28
Ⅴ 閱　報	13.07***	74.29***	.49
Ⅵ 時　事	18.99***	24.33***	1.62

F 檢定　　* p<.05　　*** p<.001

從表 39 的檢定可以了解：性別上的眞正差異只在Ⅱ,Ⅲ,Ⅴ,Ⅵ；年齡上則普遍有差異；兩者的互動效應只存在於 Ⅱ,Ⅲ 兩類媒介上。現在要進一步了解傳播媒介間的相關。

表 40 丁村大眾媒介本身的相關

	Ⅰ 聽廣播	Ⅱ 看電影	Ⅲ 看電視	Ⅳ 訂報	Ⅴ 閱報	Ⅵ 時事
Ⅰ	1	.24***	.15*	.16*	.43***	.34***
Ⅱ		1	.41***	.14*	.21**	.19**
Ⅲ			1	.14*	.20**	.15*
Ⅳ				1	.55***	.27***
Ⅴ					1	.49***
Ⅵ						1

* p<.05　　** p<.01　　*** p<.001

　　每一種媒介之間都有顯著相關，不過，訂報的相關最低，閱報最高。這是不是意味着傳播媒介間的互動關聯性？比如說，訂報與閱報間的高度相關，訂報與時事間的高度相關；而訂報與廣播、電影、電視間祇有低度相關。從常識來看這種結果，大致也相當符合實際情形。

　　現在我們要進一步探討大眾媒介與個人現代性，與個人喜好間的關聯，也卽是說，喜好某一種節目或接收某一種節目的多寡，一方面固可能影響個人的現代性，另方面也可能因個人現代性的強弱而定，其間關係往往是互動的。

表 41　丁村大眾媒介與社會態度的相關

大眾媒介總分	聽廣播	看電影	看電視	訂報	閱報	時事
−.45***	−.24***	−.41***	−.38***	−.12	−.37***	−.18**

** p<.01　　*** p<.001

表 42　丁村個人喜好節目與現代性的分析

量表總分	聽廣播	未答	廣播劇	地方戲	歌唱	新聞	其他	F值
	n =	26	13	9	107	21	4	
	平均分數	370.35	307.15	311.00	325.47	320.14	292.50	15.67***
	標準差	39.29	16.78	21.81	23.84	38.72	14.39	

量表總分	看電視	未答	電視劇	地方戲	歌舞	外國片	新聞	其他	F值
	n =	63	32	11	51	8	11		
	平均分數	348.52	320.66	316.00	319.76	300.25	316.36	313.75	7.63***
	標準差	39.65	27.59	11.55	16.76	20.57	37.17	34.27	

量表	閱報(1)	未　答	國內版	國外版	社會版	地方版	體育版	副　刊	F　值
總分	n =	105	30	5	24	5	4	5	***
	平均分數	339.77	312.73	306.60	315.00	302.40	310.00	318.20	5.69
	標準差	34.20	24.98	29.49	27.04	23.37	27.37	14.65	

（1）原列「經濟」、「娛樂」二項各1人，「其他」項無人。

*** $p < .001$

　　從表41看，祇訂報一項與現代性無關，即訂不訂報或訂報多少不牽涉到個人現代化程度，但其他各項有顯著相關，特別是大眾媒介總量，表示了頻率與現代性間的高度相關。在喜好方面：聽廣播中以廣播劇（307.15）最低；看電視以外國影片（300.25）最低；閱報以地方新聞版（302.40）最低，國外新聞版（306.60）次之。

　　綜合丁村的分析，有以下幾項特色：

　　（1）丁村是一個非管制山地村，而且約有半數漢人住在同一村中。村民與漢人的交往是雙向的，與玉里鎮的交通也相當方便，所以在消息傳播上還很快速。

　　（2）性別在大眾媒介上的差異有的顯著，有的不顯著；年齡則一致有顯著差異；在兩者的互動效應上，僅電影、電視兩項有顯著差異。

　　（3）大眾媒介本身的相關性頗高，每一項間均具顯著性，但訂報一項略低。

　　（4）整個大眾媒介（總分）與現代性的相關極高，但在分項中，與訂報無關；在個人喜好節目與現代性的關係中，表現在廣播劇、外國片、地方新聞上。

（五）　比較分析

首先，我們要比較性別與年齡在四個社區接收大眾媒介頻率上的差異，從各組的平均數來看，其結果如下表。

表 **43**　各村接收大眾媒介最高與最低平均數

村　名	平均數最高組*	平均數最低組	各組平均數均高項目
甲	男性低齡組	女性高齡組	看　電　視
乙	男性低齡組	女性高齡組	看　電　視
丙	男性低齡組	女性高齡組	看　電　影
丁	男性低齡組	女性高齡組	看　電　影

*　各欄平均數，係以六種傳播內容普遍較高或較低的趨勢而言。

表43 很明顯的看出：　四個村的男性低齡組對六種傳播媒介接收均較多，　女性高齡組均較少，　沒有地區或文化的分別；　以傳播工具言，甲、乙兩村對電視的收看在各組普遍較高，丙、丁兩村則以看電影較高，這可能由於山地村電視較少的緣故。據我們實地觀察所得資料，甲、乙二村幾乎每家都有電視，而丙、丁二村大約只有15％的人家有電視，自然會影響收視率。所以這種差異也不是地區性的或文化上的原因。

其次，從性別、年齡的變異量分析來看，訂報一項在性別或年齡上多無差異的顯著度，四個村的情形相同；除看電視在甲村的年齡上無顯著差異外，其餘各項在各村的年齡組均呈顯著或極顯著差異，可見沒有地區或文化的因素；看電影在甲、乙村，看電視在甲、乙、丙村，聽廣播在丙、丁村，在性別上均無差異的顯著度；在性別與年齡

的互動效應上以甲村最弱，丁村次之，而以乙村最強。從變異量分析可知各村仍有其特殊情形，卽大致來說，各村在不同媒介上有某種程度的性別或年齡上的差異。

從大眾媒介本身的相關來看，則其彼此間的相關均很高。無相關的：在甲村有看電視、訂報與任何一種媒介都無顯著相關，看電影與時事間也無相關；在乙村祇訂報與看電影、看電視無相關；在丙村祇訂報與看電影無相關。這就是說，除了這幾種，特別是訂報外，它們均呈顯著相關，尤其閱報一項，與極大部份傳播媒介的相關顯著度均達到 .001 的階段，這表示看報越多的人對其他媒介的接觸也越多。總之，就一般而論，除訂報外，對某種傳播工具使用較多的人，對其他四種也會使用較多。四個社區中，以丁村最爲明顯，大眾媒介間全部呈顯著或極顯著相關，丁村是一個平地山胞與漢人雜居之村；以甲村最低，其中有兩項媒介不但互不相關，與別的媒介也一樣，甲村是一個距臺北市大都會甚近的郊區。這是否表示，越靠近都市，其區別力就越小？

從個人喜好節目內容與個人現代性來比較，四個村的情形頗有出入。由於計算方法不同，下面的比較分爲兩部份，以便討論。甲、乙二村爲 r_{pbi} 相關係數，丙、丁二村爲 F 值。

從表 44 來看，兩村所表現的反應大體是一致的。本表是就傳統與現代兩個方向來測量，正相關表示接觸該節目越多，傳統取向越高；負相關表示接觸該節目越多，傳統取向越低，卽是現代取向越高。表 44 代表傳統取向的祇有歌仔戲在甲村，歌唱、電視劇在乙村；其餘均屬現代取向。電視劇之爲傳統取向可能由於當時的劇本多爲古裝戲，而廣播劇多爲現代故事。歌舞、新聞（包括報紙各欄新聞版）、副刊、外國影片之代表現代取向，似無需解釋。所以甲乙二村在社會

表 44　甲乙兩村個人喜好節目與社會態度相關

	聽廣播		看　　電　　視							閱　　　報			
	廣播劇	歌唱	電視劇	歌仔戲	歌舞	外片	新聞	國內	國外	社會	地方	體育	副刊
甲村	－	○	○	＋	○	－	○	○	－	－	－	－	－
	廣播劇	歌唱	電視劇	地方戲	歌舞	外片	新聞	國內	國外	社會	地方	體育	副刊
乙村	－	＋	＋	○	－	－	－	－	－	－	－	－	－

* 參閱表23，表29。此處只列入有顯著相關項目，無相關者未列入，但二村之一有相關時仍列入。

說明：－表負相關，＋表正相關，○表無相關。

　　其顯著度請參閱表23，29。

態度上所表現的節目喜好的方向幾乎完全一致，祇是部份節目的差異程度稍有不同，如「歌唱」在甲村無顯著差異。

　　再看表 45 丙丁二村，這裏是 F 檢定，高分代表傳統取向，低分代表現代取向，箭頭的兩極表示由最高分到最低分。經 F 檢定，兩村都已達到顯著或極顯著水準。從最高分與最低分作比較：只有看電視一項兩村的方向一致，代表傳統的取向喜好電視劇，代表現代的取向喜好外國影片；聽廣播在兩村剛好有相反的趨勢，廣播劇在丙村代表傳統取向，在丁村代表現代取向；閱報一項在兩村也相當混亂。

　　如以四個村作比較：則在看電視一項完全一致，電視劇代表傳統取向，外片代表現代取向；聽廣播一項，甲、乙、丁三村一致，喜好歌唱代表傳統取向，廣播劇代表現代取向，但丙村有相反的趨勢；閱報一項，除甲、乙二村趨勢一致外，丙、丁二村不易作比較。

表 45　丙丁二村個人喜好節目與社會態度的分析

	聽　廣　播 最高分→最低分	看　電　視 最高分→最低分	閱　報 最高分→最低分
丙村	廣播劇→歌唱→地方戲→新聞	電視劇→地方戲→歌舞→新聞→外片	體育→國內→地方→社會→國外
丁村	歌唱→新聞→地方戲→廣播劇	電視劇→歌舞→新聞→地方戲→外片	副刊→社會→國內→體育→國外→地方

說明：a. 請參閱表37, 表42。此處一項目排列次序依得分高低, 但「未答」及「其他」兩項未列入。

　　　b. 表37, 42 中「未答」一項中得分均最高,「其他」一項有時有高有時最低, 但無法肯定其內容, 故此表從略。

最後，我們要從態度量表總分與大眾媒介總分、各分項分數的相關作一比較，如下表。

表 46　四村社會態度總分與大眾媒介頻率的相關

	媒介總分	聽廣播	看電影	看電視	訂報	閱報	時事
甲村	－ （.52）	－	○	－	○	－	－
乙村	－ （.64）	－	－	－	－	－	－
丙村	－ （.26）	－	○	○	○	－	－
丁村	－ （.45）	－	－	－	○	－	－

說明：－表負相關，○表無相關，括符內為總分相關係數。

　　以大眾媒介總分來說，四村均與現代化程度呈顯著相關，但丙村的相關係數較低；無相關分項目也以該村較多，共三項，甲村二項，丁村一項，而以乙村為最好，一項也沒有。以分項目論，訂報的相關最低，三村無相關；其次是看電影，在甲、丙二村無相關；再次為看電視，在丙村無相關。

　　從四個村各種比較的結果可以看得出來，居民對於大眾傳播的反應，有些是一致的，有些卻不一致。大體而言，接觸媒介的多少或接觸媒介內容的不同與個人現代化程度有關。這些問題間的若干關聯，我們在下節中將詳加討論。

四 發現與討論

綜合本次研究，重要發現有下列幾項，並討論之。

(1) 各村低齡組（15-30 歲）接收各種大眾媒介的平均數最高，低齡組中又以男性較女性為高；高齡組（46 歲以上）的平均數最低，高齡組中又以女性較男性為低；中齡組(31-45 歲)則介於二者之間。即年輕人接觸大眾傳播最多。

在四個村中，各年齡組的總平均數分別為：低齡組，3.72；中齡組，2.24；高齡組，1.73。這種差別沒有地區的或文化的不同，各村的趨勢是一致的，即從接收大眾媒介的平均次數來說：低齡組各村一律偏高，高齡組偏低。

如以個別地區作比較：甲村各組均偏高，乙村各組均偏低，丙、丁兩個山地村雖介於甲、乙二村之間，但低、中齡組頗與甲村接近。

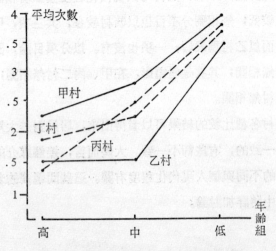

圖 4 四村各年齡組接觸大眾媒介平均數

如圖4。這種分配狀況，可能就牽涉到不同地區和不同文化了；第一，甲村靠近臺北市，它的平均數特別高顯然與接觸大眾媒介及人際關係比較多的原因，但在乙村就低得多了。第二，丙、丁二村同樣是農村卻有比較大的平均數，是否由於山地人一般較爲閒散，因而有更多的時間接觸大眾媒介。第三，就四個村的地理位置，特別是對外交通來說，甲村最好，次爲丁村，再次爲丙村，孤立性較大的是乙村。這種孤立性可能影響對大眾媒介的態度。

從各村的性別與年齡的變異量分析來看，差異卻不十分穩定，而以年齡的穩定性較高；從大眾媒介項目言，則以閱報及時事在各村均有年齡、性別的極顯著差異，而以訂報的顯著度最低。這也許正是這兩種傳播媒介的特性，卽男性、低齡組接觸得較多；女性、高齡組接觸較少；而其他三項，聽廣播、看電影、看電視，男女性沒有什麼分別，年齡高低卻有點關係。

這種關係正說明：具有較多現代文化社會，或接觸較多現代文化的年輕人，與大眾媒介的關係比較密切。這種關係是互動的，一方面具有現代化程度較高的人較容易接觸大眾傳播；另方面大眾傳播也會影響個人的社會態度和行爲。

(2) 各村大眾媒介總分與社會態度量表總分均呈負相關，分項除極少數無相關外，也是負相關。這就是說，各村居民接觸大眾媒介頻率越高的，其傳統性越低，現代化程度越高。

依據這個結果來看（見表 46），有兩種現象：第一種是把個人接觸大眾傳播的頻率加起來，愈多的現代化程度愈高，愈少的愈低；第二種是在媒介的選擇上因種類而有不同，凡是聽廣播、閱報、了解時事越多的，其現代化程度必然越高；看電影與看電視就並非必然，這可能因爲二者的娛樂性較高，只是爲了感官上的享受，引起態度或行

爲變化的可能性不多，甚至完全沒有；訂報與現代化程度無關，是可以特別解釋的，一方面因爲訂報的人未必即是閱報的人（如一家訂一份），二方面有不少報紙是贈送的（如鄰、里長）；其中乙村的訂報與現代化程度有關，可能是特殊情形。

剛才我們在討論接觸大眾媒介的頻率時，乙村最少，但在相關上，乙村卻最高（−.64）。這就是說，乙村雖然接觸的次數較少，對於接觸者的影響卻較大；或者說，凡是接觸大眾媒介的人，現代化程度均較高，所以訂報也與現代性有關。從圖 4 也可以看得出來，它的平均數低，是由於中齡組的人接觸過少，低齡組大致與別村相同。丙村的相關最低（−.26），且有三種項目無相關（表 46），是否與布農族的地區或性格有關？尚難判斷。

（3）以電視來說，看電視劇、歌仔戲（或地方戲）越多的人越有傳統取向，看新聞報導、外國影片越多的人越有現代取向，四村的趨勢幾乎完全一致，沒有地區和文化上的分別。後二種喜好表示對外面世界的關心，多少拋開了若干傳統社會的地方中心觀念，與其他現代化社會所表現的特徵相同；前二種之一，地方戲劇爲傳統取向當無疑問，因爲無論就形式與內容言，它都是以表現古代文化爲主；電視劇屬於現代形式，何以喜好的人有傳統取向？這可能是目前電視劇內容偏向於表現古人的生活方式所造成。假如這個推論正確的話，則它的內容對觀眾的態度和行爲所產生的影響都相當大㉑。

以廣播而論，甲、乙、丁三村在廣播劇上所表現的態度是一致的，即收聽這個節目越多的人越具有現代化傾向；只有丙村相反，越喜好這個節目的人越具有傳統傾向。這是否由於節目內容不同及與漢

㉑　比如說，看多了暴力電視會增加攻擊性行爲。見 Ekman et al., 1972.

人接觸較少的緣故（丙村仍是山地管制區）？至於歌唱，則在四村中均屬於傳統取向，即越喜好聽歌唱的人，他的態度和行為就越趨向於傳統。歌唱也是娛樂性的節目，是否喜好，對現代化一類的問題可能不太有關係。

以報紙而論，除副刊外，所有版面均屬新聞性，所以甲、乙二村所呈現的負相關應符合事實，即凡是讀報多的人，他的態度就趨向於現代化，不論他是本來現代化程度較高，或被新聞影響而成。丙、丁二村雖有高低分數之分，那只是在同一範圍內的等級，而且以副刊、體育得分較高，社會、地方、國外新聞較低，所以看起來有點混亂，實際是和甲、乙二村的方向一致。

這就是說，內容決定了大眾傳播的影響力或影響面，至少也是遷就了相同性格類型的人。最明顯的是「聽」廣播劇和「看」電視劇，二者形式上的差別很少，祇因目前電視劇的內容偏向表演歷史故事，因而使這部份觀眾的態度偏向傳統或迎合了傳統取向的羣眾；廣播劇的內容多是現代故事，甚至討論當前的社會問題，因而成為一種現代取向。這個結果頗令人不得不相信大眾媒介的感染力，不論它是影響還是迎合了羣眾的態度與行為。甚至可以當作改變價值觀念的工具❷。

（4）傳播項目間相關性最高的是聽廣播、閱報、時事，即二者間呈正相關，如聽廣播多的人，閱報多，時事也知道得多；或閱報多的人，時事知道得多，聽廣播也多；或時事了解多的人，聽廣播、閱報也多。其他的相關則較低，如訂報，常與別項無相關。

---

❷　Cuba 議會曾經公開宣稱，廣播、電視、電影、報紙是意識形態教育的有力工具，並且獲得了改變價值觀念的效果。見 Hernandez 1974: 368, 386。

　　以社區論，在丁村的相關矩陣計算中，15項全部相關，即接觸任何一種媒介多的人，對他種傳播媒介的接觸也必然多，如聽廣播多的人，看電影也多……等等；丙村有 14 項，乙村有 13 項相關，其無相關三項均在「訂報」一類中；甲村卻只有 5 項相關，其中 4 項在閱報與時事二類中。這種地區性的差異可能與當地的社會結構或經濟生活有關，比如甲村的人從事工、商業的較多，沒有太多的時間注意接受許多大眾媒介，但對於報紙、時事仍然相當看重；乙、丙、丁村均偏向於農業形態，空餘時間自然較多，只要願意，看電影、聽廣播的時間有的是，因而所接觸的大眾媒介就相對增加。

　　(5) 電視、電影與他種媒介的相關雖然不那麼高，性別差異上也不那麼顯著（甲、乙、丙三村均無差異的顯著度），可能不是由於沒有人「看」，而是「看」的太多，不分男女老幼在看電視或看電影，比如在甲、乙二村以看電視的總次數（三個年齡組之和）最高，各為13.87，11.29；在丙、丁二村以看電影的總次數（三個年齡組之和）為最高，各為 12.14,11.11。各村三個年齡組對各種媒介接觸的總次數分佈如表47。從幾個村的接收媒介分數總次數來看也是電視最高，

表 47　各村接觸大眾媒介分佈情形

	Ⅰ聽廣播	Ⅱ看電影	Ⅲ看電視	Ⅳ訂報	Ⅴ閱報	Ⅵ時事
甲　村	6.70	8.86	13.87	7.47	9.47	7.81
乙　村	3.77	7.85	11.29	4.25	4.83	7.29
丙　村	9.68	12.04	7.59	1.41	6.17	8.63
丁　村	9.38	11.11	8.89	2.99	5.69	7.53
總　計	23.50	39.80	41.64	16.12	26.16	31.26

電影次之，然後才是閱報與聽廣播。電視、電影在四村中剛好形成倒反的現象，是由於電視在丙、丁二村中較少，當時的收視的情況也不十分理想，所以看電影的次數增加；在甲、乙二村正相反，電視非常普遍，看電影便相對減少。各類媒介接收總量如下圖。

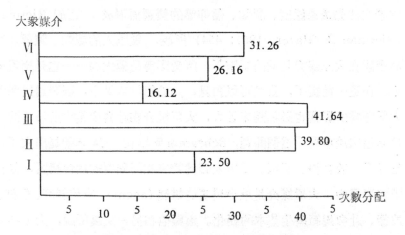

說明：本圖每項媒介均為12人（每村三人，共四村）之總數，非每人平均數。如變為平均數，則 Ⅰ=2.00, Ⅱ=3.30, Ⅲ=3.47, Ⅳ=1.34, Ⅴ=2.18, Ⅵ=2.60。

圖 5　各村接收不同大眾媒介數量之比較

由上圖可見電視與電影所佔比例還是最大。

　　(6) 從上述幾項可以把本研究的幾種重要結果或發現綜合如下：

　　①年輕人比年老人，男人比女人接收大眾媒介的量較多；

　　②接收大眾媒介頻率越高的人，現代化程度也越高；

　　③接收某一種媒介較多的人，接收他種媒介也一定較多，對時事的瞭解也比較多；

　　④接收大眾媒介的多寡與文化沒有關係，與地區及經濟結構也沒有太大的關係；但與性別、年齡、傳播內容有很大的關係；

⑤喜好電視劇、歌唱、地方戲的人，其態度偏於傳統取向；喜好廣播劇、外國影片、新聞的人，其態度偏於現代取向；

⑥電視和電影的收視率在各種媒介中仍佔重要地位。

這種種的差異或不同，正是社會變遷過程中的必然現象，行為的變遷往往先透過態度、認知、信仰等的變遷而形成。正如 Riesman (Riesman & Glazer, 1962: 454) 所說，美國人的認知、瞭解、生活形態在大眾媒介長期的衝擊下，所受影響是極大的——也是極重要的。在這一前提下，我們可以預見，無論鄉村或城市，臺灣居民所受大眾傳播的影響也必然越來越大，大眾媒介在社會變遷中所擔任的角色必越來越重要。這個問題，Schramm㉓ 早在 1964 年就提出來了，他認為，收音機、報紙、電影未必就帶來相同程度的社會變遷，但在國家發展中，大眾媒介是社會變遷的媒體 (agent)，它使態度、信仰、技術、社會規範產生基本的變化。這與他在另一文裏所說，大眾媒介在 Tanganyik (今 Tanzania), India, Cuba, Italy 的社會發展中扮演不同重要程度的角色 (Schramm, 1967: 11-5)，基本的觀點或結論是一致的。

Lerner (1967: 316-7) 對於大眾傳播是一個非常有信心的人，他不只一次強調大眾傳播媒介改變個人態度或價值的能力，然後導至更大的社會變遷。他認為人們接觸大眾媒介的最大好處就是學習新的價值觀念，然後才有新的抱負與期望。本文在這方面多少獲得了一些新的結果，即個人接觸大眾媒介種類越多，頻率越高，喜好的節目內容越新時，現代化程度也越高㉔。這裏所說的「現代化」實際是指個人

㉓ Schramm, 1964: 114-115; 1973. 後一書特別強調對社會規範、地位等的作用。

㉔ Inkeles, 1974: 147, figure 10-11. 從六個國家所得結果是一致的：接觸大眾媒介越多，個人現代性越高。

在政治、經濟、家庭、宗教、道德、成就六方面所表現的價值或態度，也就是個人所習得新的價值或認知的程度。這種新的態度可以導至或引發一種新的社會發展或社會變遷。從這次四個社區的比較研究，大致可以肯定大眾媒介與社會變遷之間具有某種程度必然的互賴關係。

五　結論

從上面的分析、比較與討論，我們可以得出幾點結論。

（1）大眾媒介與個人現代化程度有密切關係，無論大眾媒介影響個人的態度與行為或個人態度影響接觸大眾媒介，其間的互動關係是存在的。而根據已有的研究結果，大眾媒介的確是推動社會變遷的主要動力之一。本研究也可以看出這種趨勢。

（2）決定大眾媒介影響力的不是它的形式，而是每種媒介的節目內容，所以用什麼工具，電視或報紙來作宣傳並不重要，重要的是在電視上說些什麼，或在報紙上寫些什麼。美國人一天到晚播映暴力電影，自然加強了某些人的犯罪意向或攻擊性人格，這已成為定論；英國在這方面似乎好些。

（3）大眾媒介幾乎可以在任何地區或任何文化中發生相同的效果，真是符合了中國人的老話「無遠弗屆」。因而，即使要極端利用大眾媒介來改變某些人的信仰、認知或價值觀念也不是辦不到的事，祇要控制這些工具，把適當的內容輸出去就可以了。

（4）根據接觸大眾媒介越多，個人現代性越高的結果來推論，我們可以說，利用大眾媒介改變年輕人的態度或價值比較容易，因為他們接收的頻率較高，而且更願意接受新的事物和觀念。

參 考 書 目

文崇一

　　民 61　　〈中國傳統價值的穩定與變遷〉，《民族所集刊》33：287-301。

　　民 63　　〈社會文化變遷〉，見李亦園編，《文化人類學選讀》。臺北：食
　　　　　　貨出版社。

文崇一等

　　民 64　　《西河的社會變遷》，《民族所專刊》乙種之六。臺北：中研院民
　　　　　　族所。

周繼珧

　　民 63　　《社區報紙與農民之現代化態度：以「柵美報導」為實例之研究》，
　　　　　　臺大農推所碩士論文，未刊。

吳聰賢

　　民 53　　《農業消息之傳播》。臺大農推系。

徐佳士

　　民 60　　〈「二級或多級傳播」理論在過渡期社會的適用性之研究〉，見
　　　　　　《新聞學研究》8：34-37，政大新聞研究所。

袁新勇

　　民 62　　〈各類傳播對臺灣農民投票行為之影響〉，《新聞學研究》62：
　　　　　　198-199，政大新聞研究所。

陳振國

　　民 58　　《臺灣電視兒童節目對兒童的影響》。臺北：嘉新。

鄭東和

　　民 53　　《大眾傳播的不良內容對少年犯罪的影響》。臺北：嘉新。

蔣永元

　　民 63　　《大象傳播媒介與臺灣山地鄉的現代化關係》，政大碩士論文，未
　　　　　　刊。

瞿海源、文崇一

　　民 64　〈現代化過程中的價值變遷: 臺北三個社區的比較研究〉，見《思與言》12(5): 9-10。

A. Boskoff

　　1964　Functional Analysis as a Source of a Theoretical Reportory and Research Tasks in The Study of Social Change, in G. Zollschan & W. Hirsch, eds., *Exploration in Social Change*. Boston: Houghton.

H. Childs

　　1964　*Public Opinion*. N. G.: D Van Nastrand.

C. H. Cooley

　　1909　*Social Organization*. N. Y.: Charles Scribner's.

Paul Ekman et al.

　　1972　Facial Expressions of Emotion While Watching Televised Vilence as Predictors of Subsequent Aggression, in G. A. Comstock et al., eds., *Television and Social Behavior* (U). U. S. Dep't of Health, Education, and Welfare.

C. Gerbner

　　1967　Mass Media and Human Communication Theory, in F. Dance, ed., *Human Communication Theory*, N. Y.: Holt.

J. E. Grunig & K. R. Stamm

　　1973　Communication and Coorientation of Collectivities, *American Behavioral Scientist* 16 (4): 586.

A. R. Hernandez

　　1974　Film Making and Politics: the Cuban Experience, *American Behavioral Scientist* 17(3): 368, 386.

Alex Inkeles & David H. Smith

　　1974　*Becoming Modern: Individual Change in Six Developing Countries*. Mass.: Harvard Univ. Press.

Joseph A. Kahl

　1966　*The Measurement of Modernism.* Austin: Univ. of Teras Press.

E. Katz,

　1966　Communication Research and the Image of Society:Convergence of two traditions, in A. G. Smith, ed., *Communication and Culture.* N. Y.: Holt.

Elihu Katz & Paul F. Lazarsfeda

　1955　*Personal Influence.* Ill.: the Free Press.

V. O. Key

　1961　*Public Opinion and American Democracy.* N. Y.: Alfred.

Daniel Lerner

　1958　*The Passing of Traditional Society: Modernizing of the Middle East.* N. Y.: The Free Press.

　1967　Communication and the Prospects of Innovative Development, in D. Lerner & W. Schramm, eds., *Communication and Change in the Developing Countries.* Honolulu: East-West Center Press.

Marion J. Levy, Jr.

　1972　*Modernization: Late Comers and Survivors.* N. Y.: Basic.

C. Wright Mills

　1956　*The Power Elite.* N. Y.: Oxford University Press.

V. M. Mishra

　1970　Mass Media Use and Modernization in Greater Delhi Basties, *Journalism Quaterly* 47: 331-339.

W. Moore

　1967　*Order and Change.* N. Y.: Wiley.

R. K. Merton

　1957　*Social Theory and Social Structure.* N. Y.: Free Press.

C. L. Novland

1954　Effects of the Mass Media of Communication, in G. Lindzey, ed., *Handbook of Social Psychology*, II: 1062-1103. Mass: Addison-Wesley.

T. Parsons

1964　*Social Structure and Personality*. N. Y.: Free Press.

Marion Pearsall

1965　Participant Observation as Role and Method in Behavioral Research, in Wim. J. Filstead ed., 1970, *Qualitative Methodology: Firsthand Involvement with the Social Word*. Chicago: Markham.

David Riesman, N. Glazer & R. Denney

1953　*The Lonely Crowd*. N. Y.: Yale. 蔡源煌譯 (1974),《寂寞的羣衆》。臺北: 華新出版公司。

David Riesman & N. Glazer

1961　The Lonely Crowd: a reconsideration in 1960, in S. M. Lipset & L. Lowenthal, eds., *Culture and Social Character: the Work of David Riesman Revised*. N. Y.: The Free Press.

Everett M. Rogers

1969　*Modernization Among Peasants: the Impact of Communication*. N. Y.: Holt.

1971　*Communication of Innovation: a Cross-Cultural Approach* (2nd ed.). N. Y.: the Free Press.

Wilbur Schramm

1964　*Mass Media and National Development: the Role of Information in the Developing Countries*. Stanford: Stanford University Press.

1967　Communication and Change, in D. Lerner & W. Schramm, eds., *Communication and Change in the Developing Countries*. Honolulu: EWC Press.

1973   *Men, Women, Messages, and Media.* N. Y.: Havper & Row.

R. Stark et al.

1973   *Society Today* (2nd ed.). California: Ziff-Davis.

Walter Weiss

1969   Effects of the Mass Media of Communication, in G. Lin-
        dzey & E. Aronsen (eds.), *The Handbook of Social Psycho-
        logy* (2nd ed.). Mass.: Addison-Wesley.

Bruce H. Westley

1971   Communication and Social Change, in *American Behavioral
        Scientist* 14(5): 123.

傳統規範在現代社會的適應性

一 緒言

工業社會和傳統文化間的一些變項關係，到現在還不十分清楚，還有許多爭論，例如價值觀念、宗教、家庭結構等等 (Ogburn & Nimkoff, 1955; Goode 1970; 黃暉明, 1976)。有些事物，我們不敢肯定它是不是變了，例如孝道，誰敢說，現在的中國人已經放棄孝順父母？可是，誰又敢說，現在的孝順方式跟從前一樣？又有些現象，如家庭，的確已經變了，或正在改變中，我們卻很難斷定，它就是工業化的結果。諸如此類的問題，使我們生活在這個社會中的人，特別是知識份子，因爲不易解釋而感到相當困惑。

中國人尋求工業化的過程是漫長而艱苦的，從早期的洋務運動，而維新變法，而革命，而科學、民主❶，無一不是想使中國社會儘速現代化。然而，經過一百多年的苦鬥，我們的國力始終克服不了嚴重的內憂外患，我們的社會始終動盪不安，我們的生產始終停留在農業

❶ 研究中國現代化問題的中外學者，大抵都分之爲三個時期，即洋務運動的技術改革，維新運動的制度改革，五四運動的思想改革。此類論文及書籍甚多。

體系中。這對於國家的工業化是極不利的。可是，就在這種極端困難的環境下，臺灣獲得了三十多年的安定與經濟發展，個人國民所得從美金二十幾塊，提高到二千多塊，這不只使外人大爲驚訝，連自己也有點感到意外，使國人第一次意識到富裕社會的情境。這種收入，與先進工業國家相比，雖然還相差一大截，甚至也只是加拿大一九六五年的標準❷。

中國人常說，衣食足，然後知禮義。這樣看來，工業社會的人應該比較懂得守規矩。但事實上，所有已開發國家的犯罪率，都有隨工業化程度升高而上升的趨勢，近年來臺灣的情形一復如此，這就不是豐衣足食所能解釋的現象了❸。一般把這種情形解釋爲結構因素改變所產生的影響❹，卽工業社會的結構不同於農業社會。工業化使都市化程度日益擴大，使人口集中，使居民的文化異質性增加，使新的親密人際關係不易建立❺，因而增加陌生人犯罪的機會。但同樣的工業社會，甚至同樣的農業社會，有不同的犯罪率及犯罪方式，這就令我們不得不聯想到還有些別的因素，例如傳統文化中的某些特質，可能不甚適合於工業社會，或與工業社會行爲發生衝突。

究竟有那些傳統文化與現代人民的生活不甚適合，那些又是比較

---

❷ 1965 年加拿大國民所得 2,464 美元，美國 3,557 元，英國 1,804 元，瑞典 2,497 元。Kahn & Wienor, 1967: 161, 165.

❸ 一方面是從農業到工業結構的改變，另方面也可能牽涉到 Maslow 所說的不同層次的滿足問題 (1970)。

❹ 許多理論和研究指出，結構的改變卽意味規範、價值方面的必然改變。如 Moore 在討論社會變遷時，卽採取此一解釋方式。

❺ Wirth (1938) 首先提出這種理論，以人口量、人口密度、人口的異質性三個概念來探討城市文化問題。直到今天還在討論。並參閱 Morris 原書 (1968)。

適合？這是值得我們進一步研究的。有的人指出是新技術與舊觀念間的困境（文崇一，民 69: 235-40; Boulding, 1969），有的人指出為制度上的困境（Gordon, 1969），也有的人指出是規範或價值體系上的困境（Galbraith, 1969）。所有的假定都可能成立，但也都可能只是原因的一部分。如果從規範和價值觀念方面着眼，則不僅工業社會如此，農業社會又何嘗不是如此經常在變，產生不甚適應的現象？誠如顧炎武所說：「春秋時猶尊禮重信，而七國則絕不言禮與信矣」。真是「不待始皇之幷天下，而文武之道盡矣」（顧炎武: 38）。其後，兩漢維持了一段較長期的平靜，到魏晉，到六朝，到唐宋，風俗又累變了，所以顧氏感歎的說：「嗚呼，觀哀平之可以變而為東京，五代之可以變而為宋，則知天下無不變之風俗也」（同上: 43）。可見，風俗是經常在變的。風俗本來就是約定俗成，可以引導成員行動，也可以約束某些行動。如果環境變了，這些與行為有關的「俗」為什麼不能變呢？因而，天下無不變之風俗也。問題是，如何變才適合社會的需要？變到什麼地步才不致對社會產生損害？不變是不是也足以應付而不致失常？諸如此類的問題，正是我們所要了解的。

雖然我們還不十分了解，工業化對原有的農業社會結構究竟產生過多大的衝擊，可是，我們很清楚，工業化後的社會，許多價值觀念變了（瞿海源、文崇一，民 64），行為方式變了，人際關係也變了（文崇一，民 68）；那麼，傳統規範在這種情況下，究竟處於一種什麼地位，以應付現代社會的快速變遷？本文將針對這些重要問題加以檢討。

李國鼎曾提出第六倫的羣己關係，作為調整的依據（民 70）；王作榮強調加強法治與革新（民 71）；韋政通主張突破倫理思想，以產生新倫理（民 71）；文崇一強調建立工業社會的倫理（民 70）；以及

其他許多創見❻。無論贊成或反對，大抵都是想在傳統與現代之間，尋找出一條可以妥協或創新的路線，以提供現代人的行為準則。

本文希望透過對我國若干傳統規範的分類、研究，以了解它們在現代工業社會生活中的適應性，可以保留的是那些？必須修改的是那些？應該淘汰的又是那些？

二　概念與研究變項

本研究所說「傳統規範」，是指我國傳統文化中所保留下來的一些規範。這些規範，有的可能還在正常運作，有的卻可能已經失調。我們希望透過了解，找到一些答案，什麼樣的規範在現代的工業社會中適應良好，以及為什麼適應良好？什麼樣的適應不好，以及為什麼不好？這樣也許我們可以為今後的社會發展，在規範上提出一點建議。

「規範」(norms)是一個外來語，大抵可分為兩類，制度化規範與非制度化規範，前者為法律 (law)，後者為民德 (mores) 與民俗 (folkways)❼。法律非本文討論範圍，本文僅以民德和民俗為研究對象。照 Sumner 的說法，民德對行為具有較大的影響力，民俗較小。但依照本研究的設計，並不打算作此種分類，只把規範界定為：「在日常生活中，一種普遍或典型的行為特質或模式 (Phillips, 1979)，對社會行為產生制裁或控制作用」(Cole, 1975)。所謂社會規範就是

---

❻ 如《聯合報》(民國 70 年 3 月 16 日)、《環球經濟》(34 期，民國 70 年 3 月)、《中國論壇》(12 卷 1 期，民國 70 年 4 月)、《中國時報》(民國 70 年 3 月 28 日) 等，均曾發表社論，對此問題深加討論。

❼ 朱岑樓譯，民 64: 54–63；Davis, 1966。這些說法，其實均來自 Sumner (1906) 的分類，他認為，民德是指傳統的、定型的、與生存及利益不可缺少的行為習慣，民俗則是比較弱的習慣。

約束社會行為的準則。嚴格的準則，制裁力量比較大，使人不敢輕易違反。這種情形，跟中國人所說「風俗」的意義相當一致，《漢書・地理志》所言全國各地風俗的差異，實際就是因行為準則的不同，而形成不同的行為方式，或者說不同的風俗。歷史上的所謂移風易俗，也即是變化行為規範，使形成新的行為方式，於社會有益。所以，規範與風俗或風俗習慣，具有差不多相同的意義。

規範，如風俗習慣，不僅有地區、時間上的差異，不同的羣體、社會階層也可能有差異，例如軍隊的規範不同於商人，士紳不同於平民，男人不同於女人。在傳統中國社會，這種差別尤其明顯。所以在討論傳統規範的時候，這幾個變項必須設法分別。例如，士紳階層所強調的規範，立德、立功、立言，平民（農、工、商）階層就不一定適用。

除地區、時間、階層、社團、性別在規範上有某種程度的差別外，以下幾個變項可能更值得注意：一是家，所謂家規，就是家內的行為規範，族與親戚只是家的延伸；二是鄉，鄉規是處理鄰居、村里的行為關係；三是國，個人與政府間的一般行動原則；四是社會人羣，個人間一般人際關係的規範；五是職業，與工作有關的規範。假如我們從這五個變項去了解傳統社會與現代社會間的差異，兼顧性別、階層之類的不同特質，對於若干規範的適應程度，可能會有比較深刻的認識。

我們在前面說，規範對社會行為有控制或制裁作用，這就是說，社會規範是行為的理想標準。一般人的行為大概可以分為兩類：一類是趨向於理想標準，可以稱之為對現有規範的順從，社會上多數人的行為屬此類，雖未必完全達到標準；另一類是不順從現有規範，而獨行其是，於是產生所謂偏差行為或犯罪。社會上這種違反規範的人越

來越多的話，就只有兩條路可以走：一條是將原有規範加以修正，以適合新的情勢和需要；另一條是接受新的規範，並使之制度化。前者如改革，後者如革命，都是很好的例子。沒有第三條路可資選擇。

可見，對於規範的順從或不順從，實際只是一種行動的手段，主要還是在於滿足需要，和達到目的 (Walker & Heyns, 1967)。現在我們面臨的問題就是：如何因應社會的需要而維護原有的規範或使規範更新，以期仍能保有約束社會行為的功能。

本研究變項間關係可略如圖 6：

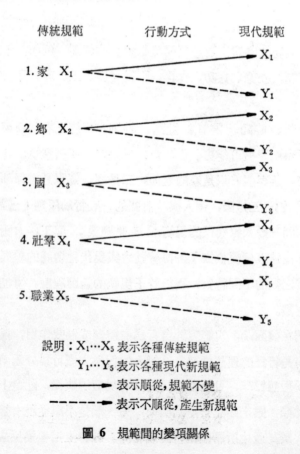

圖 6　規範間的變項關係

　　由於不同時代，不同階層，甚至不同地區，所形成的規範都可能有些本質上的差異，討論時將特別注意此點。又因爲在傳統社會中士紳階層和平民（農工商）階層的規範來源頗有差別，卽前者以儒家思想爲主流，後者以若干啟蒙讀物和俗諺爲主流，在資料應用上將加以某種程度的區分。

三　規範的適應性

　　我們在前面已約略討論過，這個社會已經從農業文化邁向工業文化，至少是在轉變的過程中。也就是說，傳統的農業環境和社會結構將要逐漸蛻變，以適應現代的工業環境和工業的社會結構。而所謂規範，不過是在結構中，作爲衡量或支配行爲的一些尺度而已。環境、結構旣然變了，或正在轉變中，若干規範也就必須跟着變，才能應付需要，雖然有些規範可能有它的長久性。

　　傳統社會與現代社會在日常生活上的最大差別，可以從表 48 幾種主要現象加以理解。

表 48　日常生活方面傳統社會與現代社會的差異

社會 類別	傳　統　社　會	現　代　社　會
1. 經濟生活	自給自足，地方交易	互相依賴，擴大交易
2. 技術分工	習慣的技術，世代相傳	技術分化，新的發明
3. 政治生活	君主專制，無政治參與	民主法治，政治參與擴張
4. 社羣關係	同質性高，以情感爲基礎	異質性高，以理性爲基礎
5. 個人身分地位	承襲的，較爲單純	成就的，較爲複雜
6. 居住環境	多數居住鄉村，流動小	多數居住都市，流動大

表 48 所列舉的幾項觀察事實，幾乎完全不同的存在於兩類社會中。大環境旣然變了，前圖中的幾個單位，如所提變項家、鄕、國、社會人羣、職業關係，自然也多少會跟着變；這樣，規範爲了約束或適應新的行爲方式，要避免變異就相當困難。

現在就可以分別來了解現代社會關係中，各種傳統規範的功能或反功能，以及它們在現代社會的重要程度或形成了什麼新的規範，以爲現代社會行爲約束之用。

(1) 家規

雖然每個民族都有家，但家對中國人特別重要，它是個人早期社會化過程中最重要的一環。這種家的最基本結構可能是兩代和三代同居。家的延伸與擴大，便是族和姻親。中國人所強調的五倫，有三倫是以家爲中心。爲了維持家的生存、團結、秩序與和諧，家規、族規之類便成了約束行爲的法寶。

中國人家庭規範（包括家族與姻親）的來源，大約有三途：一是口傳教養，二是啟蒙讀物，三是儒家經典的演繹。一般人的規範多來自前二者，士紳階層則除前二者外，尙援引儒家經典，這就造成士紳階層規範的特殊化。

孝是家規的核心，上以事父母、祀祖先，下以延續後嗣，都是孝行。《孝經》在這方面最有發揮，可謂集孝之大成者，對中國後世的孝道與孝行影響最大。它表現在規範上的特點有三：①孝行無大小，從最小的事，如保護髮膚，到個人成就，都算是孝；②孝有階級性，天子、諸侯、大夫、士、庶人之孝各不同；③孝有差別待遇，因親等而有不同等級❽。《孝經》對士大夫階層的影響比一般平民要大得

---

❽ 《孝經·開宗明義章》第一：「身體髮膚受之父母，不敢毀傷，孝之始也；立身行道，揚名於後世以顯父母，孝之終也」。第二至第六，分別

多❾，但像「父母在，不遠遊，遊必有方」（《論語・里仁》）。或「三年之喪」（《論語・陽貨》）一類的規範，一般人也有某種程度的遵守。《論語》對於孝所強調的能養、能敬以及三年無改於父之道，也相當具有普遍性。

從中國文化的長遠歷史來看，現代社會的結構變得那麼大，試圖繼續倡導保留《孝經》中的孝道與孝行，顯然做不到，但是，尊敬父母，甚至設計出一套奉養父母的辦法，並不是不可能。那就是說，孝道可以提倡，孝行必須改革。事實上，從歷代史實加以觀察，孝經只是一種理想型態，真正實踐的人並不如想像中那麼多。

家規不只是孝，舉凡與家庭有關日常生活的一舉一動，均包括在內，例如，《袁氏世範》把家規分為睦親、處己、治家 3 類，共 213 條（袁采，民 28；顏之推，民 26），真是無所不管。他要求家中成員、親戚和睦，分產公平，為人正直，勤勞節儉。這在今天的社會也還是需要。《鄭氏規範》共列了 168 條（鄭太和，民 28），也是包羅萬象，他要求勤於祭祀祖先，做一個好家長，善待親朋，慎重處理家計，周濟鄉黨族人，這就比較偏向於士鄉階層的家規，今天能用的不多。其他各種家規尚甚多，例如《龐氏家訓》（龐尚鵬，民 28；張伯行，民 25），強調孝友勤儉，偏向於教養方面；《藥言》（姚舜牧，

（續）說明天子至庶人不同的孝。〈庶人章〉曰：「用天之道，分地之利，謹身節用以養父母，此庶人之孝也」。〈聖治章〉第九：「故不愛其親而愛他人者，謂之悖德；不敬其親而敬他人者，謂之悖禮」。〈士章〉第五：「故以孝事君則忠，以敬事長則順。忠順不失，以事其上，然後能保其祿位，而守其祭祀，蓋士之孝也」。這點對後儒官吏階層的影響可能特別大。

❾　如《禮記・喪服小記》、〈喪大記〉諸章，主要還是以當時的統治階層為行動對象，平民沒有那麼多的繁文縟禮。可參閱《禮記》各章。

民 28)，對於家、族和睦，提出許多規範性的建議；類此者尚多，大抵是強調家、族、親朋和諧相處，勤儉持家。這些規範的原則性與今天的社會並無不合，但實踐這些原則的細節，就得重新設計了。

在一般平民家族關係中，普遍相信而且奉行的規範，以下列諸種比較廣泛，如「養兒防老，積穀防饑」，「不孝有三，無後爲大」，「在家從父，出嫁從夫」，「羊有跪乳之恩，烏有反哺之義」；「一粥一飯，當思來處不易」，「勿貪意外之財，莫飲過量之酒」，「居家戒爭訟，處世戒多言」，「施惠勿念，受恩莫忘」；「父母呼，應勿緩」，「親有疾，藥先嘗」，「德日進，過日少」❿。這些諺語，均出自啟蒙讀物，當時流傳頗廣。但在今天的工商業社會，許多已不適用了。

從整體而論，家規和族規的若干原則還是有用，但大半的實踐方式必須改變，因爲現代社會的生活環境變了。

(2) 鄉規

鄉規指的鄉黨和鄰里的規範。孔子在鄉黨就表現得非常謙恭⓫。前述家規和啟蒙讀物也經常提到如何與鄉人及鄰居交往，如救助鄉里貧戶；與鄰里和睦相處；「遠水難救近火，遠親不如近鄰」；「聖人尚且重鄉黨，何況你我平等人」。大致都是強調在急難時，鄰里的重要性。這的確是完全的現實主義。家規雖然很多，談到鄉規的卻很少，例如《鄭氏規範》一六八條，里黨只佔二條，可見比例之少。中國人

---

❿ 所錄三段短語，分別錄自《增廣昔時賢文》，《朱子治家格言》，《弟子規》。均可能爲明清以來的啟蒙讀物。在平民階層流傳甚廣，卽士紳階層之子弟，啟蒙時亦多讀此類書籍。進一步的讀物，則多爲《小學》、《四書》、《左傳》之類。

⓫ 《論語・鄉黨第十》：「孔子於鄉黨，恂恂如也，似不能言者」。正義註：恂恂，溫恭之貌……道其謙恭之甚也。

相當重視同鄉或鄉親，但那似乎是離開家鄉以後之事，在家就以家爲重了。另一個原因是，許多地方都是聚族而居，所謂鄉黨，實際就是族人，自然不必多言。

現代社會中代表鄉黨的應該是社區，鄉村社區也許還有點鄉黨的性質，城市社區則完全是另一幅面貌，不但異質性極高，而且互不相識，沒有來往。這是一種人際關係的危機，如何把和睦、救助、互賴之類的規範輸入新興社區，特別是城市社區中，已是迫不及待的事。

傳統鄉黨由於人口較少，獨立性高，所以把垃圾、污水排在自己的屋外，把痰吐在地上，也沒有危害別人；現在密集居住，不少人仍然這樣行動，對他人所造成的損害就很大，何況還妨害觀瞻？這實在需要鄰居互助，杜絕這類行爲。

(3) 國家規範

國家與人民的關係，主要建立在法律與制度上，如政府要保護社會的治安，人民有納稅的義務。但也有許多不成文的規範，強迫政府和人民不得不去實踐。例如《大學》講了許多治國平天下的大道理，然後說：「民之所好，好之；民之所惡，惡之。此之謂民之父母」。它的意思是做官要像父母一樣的去照顧老百姓。後來的縣太爺叫做父母官，父母是做定了，不但不照顧老百姓，而且魚肉人民。孔子也強調以禮讓治國❷，只是後來的官員都只講忠君，把人民、國家和政府都忘了，實在不是孔子的本意。

朱熹說：「官無大小，凡事只是一箇公」（朱熹，民 54）。當時的所謂公，還可能只是強調官、民間的事務性工作。現代社會的要求就不止此了，諸如權力、財富、社會資源的分配，國家和政府都有義

---

❷　《論語・里仁》：「子曰：『能以禮讓爲國乎，何有？ 不能以禮讓爲國，如禮何？』」

務做得公平，不再像從前那樣，「天高皇帝遠」，老百姓什麼都不管，只盼不受到苛擾，能過點平安的日子就好了。

幾千年來，中國政府歷經了多少次的改朝換代，都是以武力殺伐取勝，皇帝去了一個又來一個，人民總是在刀槍下謀求保障自己的生命、財產之道，於是養成一種習慣，認為政府與國家反正不是我的，何必管那麼多？可是，現代國家為全民所有，加強認同國家的規範，實在刻不容緩。這也是我們的國家規範必須調整的地方。

(4) 社羣規範

中國人有句俗話說：「四海之內皆兄弟也」。正好補充了五倫以外的關係，在形式上把所有五倫以外的人都納入了五倫之內。這種虛假的親緣關係，還有「義」字輩，如義父母；「養」字輩，如養子女；以及以各種名義結拜的兄弟姊妹等。這實在是傳統中國文化的一大特色，主要原因就是我們太強調了「君臣父子兄弟夫婦朋友」的五倫關係，以致不得不用摹擬血親的辦法，去解決一些實際的問題。這樣，就把社會關係切成兩部分，認識的人和不認識的人，也即是熟人和陌生人。所謂「四海之內皆兄弟」便成了一句做不到的空話。

住在傳統的農村裏，居民的社交活動，大致不外三種：一是姻親，二是同族，三是鄰居或鄉里。前者超社區的活動可能比較多。後二者多在本社區中。活動範圍不大，交往的人多為熟人；即使住在當時的城市，參與陌生人社羣活動的機會也非常有限。居住在這樣環境下的人，他們的職業生活、休閒生活、社交生活幾乎是一致的，不但人羣、內容相當一致，規範也相當一致，例如事事忍讓，特別注重面子，強調關係，不信任陌生人。有些諺語也強調它，「忍得一時之氣，免得百日之憂」，「黃河尚有澄清日，豈可人無得運時」，「逢人且說三分話，未可全拋一片心」。

在所有的社交生活中，比較多而非正式的活動，大概以朋友爲最，這也是五倫之一。古時候，爲朋友死難者，有之；爲朋友捐財者，亦有之。所謂「責善，朋友之道也」；「君子以文會友，以友輔仁」（張伯行，民 25）。可是，朋友也不是完全可靠，有益友，也有損友[13]，所謂「相識滿天下，知心能幾人」，「有錢有酒多兄弟，急難何曾見一人」，顯然不是益友。這一類的消極性規範，產生不小影響，主要在警告別人，交朋友時必須特別小心，以防暗中吃虧，因爲人心之不同如其面，實在是「知人知面不知心」。外在環境實在難以控制。反過來，對於熟識的親友，卻又無條件的信任。所謂「一諾千金」，就是以這種互相信賴的誠實爲基礎。

現代社會在這方面顯然有了極大的變化：第一，社交、職業、休閒生活已經分化，在不同的場所、時間及人羣中進行；第二，經常與陌生人交往，不可能只是親友或族人；第三，不同身分地位的人，多有他自己的所屬社團，不太會受到消極諺語的影響；第四，承諾行爲將越來越少，而以契約行爲爲行動取向。現代人在行動上是積極而進取的，冒險精神也受到鼓勵，雖然在許多方面還是注重面子，強調關係，不信任陌生人。這對於工商業社會相當不利，因爲它需要獲得實際成就，人人有差不多平等的機會以增加效率，經常需與陌生人交往以尋求利益。所以，傳統社羣中人際關係的若干原則，如誠實、守信等雖仍適合於現代社會要求，但一些行爲方式，如破壞公共環境，忽略大眾利益，則必須設法改善。

(5) 職業規範

傳統社會的職業分化不大，百分之九十以上爲農業，小部分爲城

---

[13] 張伯行，民 25: 43。「益者三友，損者三友，友直、友諒、友多聞，益矣；友便辟、友善柔、友便佞，損矣」。

市小商人、手工業者和官吏。所以歷史上把職業聲望分類為士、農、工、商，大致是合乎當時的職業結構。只是以從業人員的多寡而論，應該叫做農、商、工、士。

農人過的生活一直不理想，讀書人如果沒有做官，生活也是不理想，可是，在歷史上，耕讀傳家卻又是最理想的方式。這也許是受了漢以來重農政策和獨尊儒家的影響[14]，以致農人和讀書人獲得較高的社會地位和聲望。農人的實際生活是：勤勞節儉，安貧樂道，忍耐認命。努力工作幾十年，到頭來也許仍然三餐不繼，只得埋怨命運多舛，「命裏有時終須有，命裏無時莫強求」（《增廣賢文》）。像陸放翁這樣的讀書人都說：「仕而至公卿，命也；退而為農，亦命也。若夫撓節以求貴，市道以營利，吾家之所深恥，子孫戒之」；「吾家本農也，復能為農，策之上也」（陸游，民 28）。陸氏把農與儒視為可以互換的職業，而排斥從商，顯然是順從傳統規範。另一傳統就是讀書人的職業地位比農人還高得多，例如說，「士乃國之寶，儒為席上珍」；「世上萬般皆下品，思量惟有讀書高」（《增廣賢文》）。這兩者的最大期望，力農可以成為地主，讀書才能晉升到統治階層。土地權與政治權是傳統農業社會的主要稀有資源，多掌握在地主與官吏手中。

經商，尤其是具有規模的大商業，總是賺大錢的重要方式，而發財又是多數中國人的理想目標。但是，工、商人士在中國社會一直受到壓抑，除了一些比較通俗的貿易規範，如「童叟無欺」，「貨真價實」之類，就很少有人提到。像各種家規、啟蒙讀物，都不討論經

---

[14] 春秋戰國乃至漢初，中國的工商業極為發達，已為不爭的事實。其實，這傳統可能來自周代，《史記・蘇秦列傳》：「周人之俗，治產業，力工商，逐什二以為務」。〈貨殖列傳〉：「魯俗好儒，及其衰，好賈趨利，甚於周人」。

商、做工的問題。這也許是一種社會矛盾，一方面想改善經濟狀況，一方面又受到思想主流的影響，把技術當做「雕蟲小技」，把發財當做「爲富不仁」，同時又強調道德情操，「錢財如糞土，仁義值千金」。把眞實社會生活跟理想目標的距離越拉越大。

今天的情形顯然不同了，儘管官員和知識份子的社會地位仍然很高，農民也受到尊重（文崇一、張曉春，民69），但工、商人士的社會經濟地位，明顯的後來居上了。這是現代工商業社會的重要特徵，不但應該接受，還應該加速它的發展，以增加我國人民的財源。不過，也許由於發展過速，也許由於我國傳統文化缺乏工商行爲的根，缺少這類規範，目前在工業界、商業界所表現的不道德、不理性的詐欺行爲就特別多，似乎還找不出可以遏阻的有效辦法。這是否意味着工商界人士需要一次規範上的自律運動？以應付現代社會的要求。

四　結論與建議

規範是一種約束力，對社會行爲產生制裁或控制作用。我國的傳統規範表現在家規、鄉規及社羣規範上有較大的約束力，在國家規範、職業規範的約束力較小。這一現象可能使人民對國家認同及工商人士的行爲，由於缺乏傳統規範可資依據，又不易形成新規範，而產生危機。

傳統規範的若干原則，如誠實、守信、睦鄰、勤儉、孝順、尊敬知識、鼓勵進取，批判懶惰、不仁、不義，在現代社會還有它的用處，也行得通。但許多傳統的行爲方式，必須澈底改變，以使現代的社會人樂於接受。

依據上述的分析、討論、與結論，願提出幾點建議：

（1）傳統規範的理想目標與實際行爲差距往往太大，如推動建立新的規範，必須考慮其可行性，以及大眾接受的程度，否則，將徒然流爲口號。

（2）規範是約定俗成，非一二人之奔走呼號即可成功，如欲推動新規範，必須考慮當前的社會背景、生活狀況以及社會發展趨勢，否則，不僅徒滋煩擾而已。

（3）規範爲適合社會需要，社會變了，規範自然會變，推動傳統規範時，必須了解現代社會行爲的變異性，否則，將徒勞無功。

（4）傳統規範中對工商人士較少提及，對行政機構負面的較多，如欲推行新規範，這方面似應特別加強，以建立一個理想的現代社會的新秩序。

（5）實踐最重要，無論是政治、經濟、社會的規範，或家庭、職業的規範，提出來就一定要做，不能做、不願做或做不到的，就不要提出來。身體力行❺，才是建立新規範的第一要義。

參 考 書 目

文崇一

民 68　〈地區間的價值差異〉，《陶希聖先生八秩榮慶論文集》，頁701-736。臺北：食貨。

民 69　〈技術發展與社會變遷〉，見《犧牲的代價》。臺北：經世。

民 70　〈工業社會的倫理〉，《聯合報》3月21日。

---

❺　朱熹，宋，《白鹿書院教規》。在教規中，朱晦菴、程伊川均強調要盡力去做，不只是說說而已。「克治力行，以盡成己之道」，才是「講說時多，踐履時多，事事都要人自去理會」。「苟或知而不行，則前所窮之理，無所安頓，徒費講學之功，無以爲己有，豈不重可惜乎」！

文崇一等

　　民 64　　《西河的社會變遷》，《中研院民族所專刊》乙種第六號。臺北：
　　　　　　　民族所。

文崇一、張曉春

　　民 69　　〈 職業聲望與職業對社會的實用性 〉，《 臺灣人力資源會議論文
　　　　　　　集》。臺北：中研院經濟所。

王作榮

　　民 71　　〈不容社會腐化、推動全面革新〉，《中國時報》4月28日。

　　民 71　　〈不完整的「 奇蹟 」：何以犯罪惡行這樣多？〉見《 天下 》，
　　　　　　　6 月 1 日。

朱岑樓 （譯）

　　民 64　　《社會學》（L. Broom & P. Selznich 原著）。臺北：自印。

朱熹

　　宋　　　《白鹿書院教規》，《叢書集成初編》995。長沙：商務，民28。
　　　　　　　《朱文公政訓》，《叢書集成簡編》288。臺北：商務，民 54。

李國鼎

　　民 70　　〈經濟發展與倫理建設： 第六倫的倡立與國家現代化 〉，《聯合
　　　　　　　報》3 月28日。

韋政通

　　民 71　　《倫理思想的突破》。臺北：大林。

姚舜牧

　　明　　　《藥言》，《叢書集成初編》976。長沙：商務，民28。

袁采

　　宋　　　《袁氏世範》1–3 卷，《叢書集成初編》974。長沙：商務，民 28。

陸游

　　宋　　　《放翁家訓》，《叢書集成初編》974。長沙：商務，民 28。

張伯行 〈纂輯〉

　　清　　　《小學集解》，《叢書集成初編》981，上海：商務，民 25。

黃暉明（譯）

　　民 65　　《工業化與家庭革命》（William J. Goode 原著）。香港：中文
　　　　　　大學。

鄭太和

　　元　　　　《鄭氏規範》，《叢書集成初編》975。長沙：商務，民 28。

顏之推

　　北齊　　　《顏氏家訓》，《叢書集成初編》970。長沙：商務，民 26。

瞿海源、文崇一

　　民 64　　〈現代化過程中的價值變遷〉，見《思與言》12(5)：1-14。

龐尚鵬

　　明　　　　《龐氏家訓》，《叢書集成初編》976。長沙：商務，民 28。

顧炎武

　　清　　　　〈周末風俗〉，《日知錄》卷 13，頁 38。

Kenneth Boulding

　　1969　　The Emerging Superculture, in K. Baier & N. Rescher,
　　　　　　Values and the Future. N. Y.: The Free Press.

Stephen Cole

　　1975　　*The Sociological Orientation: An Introduction to Sociology*. 臺
　　　　　　北：開發。

Kinsley Davis

　　1966　　Social Norms, in B. J. Biddle & E. J. Thomas, eds., *Role
　　　　　　Theory: Concepts and Research*. N. Y.: John Wiley.

John K. Galbraith

　　1969　　Technology, Planning, and Organization, in K. Baier &
　　　　　　N. Rescher, eds., *Values and the Future*. N. Y.: The Free
　　　　　　Press.

William J. Goode

1970　Industrialization and Family Change, in B. F. Hoselits & W. E. Moore. eds., *Industrialization and Society*. Mouton: Unesco.

Theodore J. Gordon

1969　The Feed Back between Technology and Values, in Kurt Baier & N. Rescher, *Values and the Future*. N.Y.: The Free Press.

A. H. Maslow

1970　*Motivation and Personality* (2nd ed.) N. Y.: Harper & Row.

R. N. Morris

1968　*Urban Sociology*. N. Y.: Frederick A. Praeger.

William F. Ogburn & M. F. Nimkoff

1955　*Technology and Changing Family*. Cambridge: Houg.

Bernard Phillips

1979　*Sociology: from Concepts to Practice*. N. Y.: McGraw-Hill.

W. G. Sumner

1906　*Folkways*. Boston: Ginn.

Edward L. Walker & Roger W. Heyns

1967　*An Anatomy for Conformity*. Calif.: Cole.

Louis Wirth

1938　Urbanism as a Way of Life, in *American Journal of Sociology* 44: 1-24.

職業道德與經濟行為

　　本文要討論的是社會科學上道德規範，作為行為規範的一種，而非哲學上的道德問題。我們通常所說的社會規範，大抵包括兩類：一類是風俗習慣，一類是法律。道德，事實上只是一種約定俗成的行為方式，違反了道德也沒有誰來處罰。職業道德又只是道德中的一種，專門指從事某類職業或行業，所應具備的道德規範。這裏所說的職業並沒有固定的定義，泛指或特定均沒有關係。道德也一樣，有時候又可以叫做倫理。本文目的不在於界定各種名詞，而係說明職業道德在社會行為上的重要性。

　　職業道德實際是生活的一部分，每個人每天都有相當多的時間在從事職業活動，如果沒有道德規範加以約束，那就會像一個殺手，隨時隨地可以加害於別人，這對社會秩序是一種威脅。

　　職業道德牽涉的範圍相當廣泛，可以包容所有有職業的人。本文只從三個面向加以討論，即生產者、中介商、消費者三方面。生產者係生產物品的人，中介商係販賣物品的人，消費者係承買物品的人，各人的職務不同，但都是直接的經濟行為。任何一方缺乏職業道德的話，都會使對方受到損害。

　　把農業社會和工業社會的職業道德作一些對比的討論，不僅可以很容易了解兩者的差異，而且了解為什麼有這樣的差異。例如在農業

社會中，職業道德的普遍性較高，在工業社會中，則分化較大，顯然是由於職業的分化而來。

最後，我們也提出一些建議，係因觀察和分析而獲得。至於如何化為政策，以及制訂什麼政策，就有待有關機構作進一步的討論和評估了。

本文在討論時，承諸位學者先生提出高見，並承侯家駒先生示知有關經濟學上所討論的道德問題，藉此謹記感謝。

一 經濟行為的道德取向

人在行動之前，或行動的過程中，總會考慮到一些個人的利害關係，也即是行動的後果；盲目的行動究屬少數。法律和風俗習慣得以正常運作，社會秩序得以維持，就靠個人這種高度的自我約束，甚至自我反省。如果每個人都不顧後果，無視道德和法律的存在，那就真的要天下大亂❶。

究竟是什麼東西在約束人的行為？最重要的有兩種：第一是法律，法律是行為後的制裁作用，例如殺人、搶劫會受到法律的制裁，詐欺、貪瀆也會受到法律的制裁。當一個人要詐欺別人財物時，就會想到，可能要付出的代價是什麼，如果不合算，就會考慮停止行動。第二是道德，道德不如法律那麼有強制力，但影響面通常比較大，也比較具有嚇阻作用，所謂十目所視，十手所指，就是讓社區居民不敢隨便違反道德規範。顯然，法律對行為有懲罰作用，道德對行為有嚇

---

❶ 從社會學的角度來看，這可以叫做社會解組 (social disorganization)，並請參閱 Merton & Nisbet, 1961.

阻作用，雖不是所有行為動機都受到它們的操縱❷，影響力卻是相當大。但是反過來，如果法律不能產生制裁力量，道德不能發揮嚇阻作用，甚至法律廢弛，道德淪喪，這個社會還有什麼秩序可言？

如果把行為分成許多種類型，如經濟行為、政治行為、選舉行為、消費行為、社會行為……，則經濟行為不過是人類許多行為中的一種。顧名思義，經濟行為當然是指與經濟活動有關的各種行為，也即是牽涉到各種物質在價格或價值上的交換問題。生產者、中介商和消費者都必須遵守一些承諾，這些承諾，無論是口頭的還是契約的，有的可能跟制度有關，有的可能跟法律、道德有關。任何一方，祇要心存破壞或不誠實，則經濟行為的道德基礎就受到威脅。如果個人的道德有了問題，我們怎麼能相信對方的交易行為？如果所有的商業信用都不存在了，契約又有什麼用處？在這種情況下，我們怎麼相信奶品裏有沒有攙飼料奶粉？百貨公司的折扣是真的還是假的？銀行裏的存款會不會在一夜之間全部泡湯？親友借了錢後會不會跑掉？幾乎一切與金錢有關的行為都不可靠了，都埋伏了極大的危險，誰也不相信誰，不僅所有的工商業行為陷於停頓，經濟行為陷於停頓，就是非經濟行為也將難以令人信服。這樣的社會，就毫無紀律可言，法律、道德都成了具文，就是面臨崩潰的危機。我們自然不願意見到這種危機出現，那就必須儘快重建社會的道德標準，特別是以「道德」為取向的經濟行為，以紓解目前這種賄賂公行的困境。

---

❷ 通常把社會價值和社會規範（包括法律和風俗習慣）視為對人類行為有較大的指導作用。見前節〈傳統規範在現代社會的適應性〉和〈價值與國民性〉（民 61a: 22）二文中有詳細的討論。

二　農業經濟下的職業道德

職業道德也可以叫做工作倫理，只要有工作能力而又願意工作的
人，都會是某一職業團體的一份子。我國在農業經濟時代，可以說只
有四種行業，就是士、農、工、商。百分之九十以上的人都從事農業，
其餘爲一小部分的城市商人和手工業者，以及更小部分的讀書人和官
吏（文崇一，民 61ᵦ: 59-60）。其中雖然也可以分別出一些高低職位，
如農業的地主、富農、佃農，商業的老闆、伙計，手工業的師傅、徒
弟，士人的秀才、進士，官吏的尚書、縣令，號稱三百六十行，實際
的行職業類型相當簡單。在那個時代，由於經濟行爲的同質性較高，
職業道德有一種普遍性傾向，即以農業社會爲基礎的職業道德，幾乎
可以適用於整個社會。

農人生活在農村裏，工作、社交、休閑差不多在同一個地方，所
接觸的人也差不多是同一批人。這些人，除家庭成員外，就是家族、
姻親、鄰居、朋友，簡單的說，就是一批具有血緣關係和地緣關係的
人，也就是一些熟人。陌生人很難進入這樣的生活圈子，除非有機會
改變關係。在這樣的環境下，職業道德和一般的社會道德幾乎無法分
離。當強調「誠」的時候，就不祇意味到對耕種交換工作的誠實，也
是社交、親友關係的誠實；當強調仁義重於錢財的時候，也沒有職業
和社會的界線；當告誡人不要輕易相信他人的時候，同樣適用於所有
居民（文崇一，民 71: 56-8）。這些人的生活方式有幾個重要特徵：
(1) 長期居住在同一個村落，彼此熟識；(2) 工作、社交、休閑場所
的變動性不大，用不着特殊的職業性活動；(3) 一般的價值觀念和社
會規範的同質性甚高，無分化爲農業道德的必要；(4) 流動性低，又

缺乏對付陌生人的經驗，形成一種相當封閉的人羣交往關係。長久的結果，我們的社會便變成不相信陌生人，甚至排斥陌生人的現象。

傳統社會中的手工業者，除家庭手工業外，不少人是往來於城鄉之間，這些人靠技術賺錢，技術的精粗決定價格的高低，無論是論日或論件計酬，欺騙的事很不容易發生。某一行有些職業道德標準存在，也多半是行內的事，如師徒間的學習、順從，技術訓練的程度等。

商業的從業人員較多，在我國傳統社會中，商業人口僅次於農業，而它的組織比較嚴密，流動性比較大，交換過程也比較複雜，所以，當時所謂的商業道德已有相當的普遍性。如果沒有一些規範，複雜的交易就不易進行，但由於交易的對象仍以農民為較多，一般的行為規範，如信用、誠實等還是為大家所樂意接受。詐欺、作偽的事情不是沒有，但為數極少，在那種安土重遷的環境壓力下，誰都不敢貿然去作奸犯科，因小失大。主要是，人離開了家，離開了土地，就沒有多少地方可以立足。因而像「貨真價實，童叟無欺」之類的口號，算是商業界的自律信條，也用以說服顧客。還有一種是「貨問三家不輸」，表示當時討價還價的情形相當嚴重，這種現象一直延伸到今天的攤販市場。

在農業社會中，士和仕也算是一種職業類型。官吏有職位和報酬，讀書人有很高的社會聲望，卻既無職位又無報酬，他們可能的出路有二：一是作為民間和政府的溝通者；二是等待機會做官，可以說是官吏的候補者。這兩種人對儒家倫理都相當熟悉，對自己在社會中應扮演什麼角色，有充分的了解。農民和工商階層的一些價值觀念和社會規範，也多半來自他們對儒家倫理的詮釋和演繹，所以總是比較具體而易行，可以視為儒家倫理的平常化；士和官吏階層則保留了較為抽象的原則。士和仕在四個階層中人數最少，卻最被重視，所謂

士乃國之寶」，就是重要性的寫照。由於受到社會人士的重視，對士的要求也就比較多，甚至別人可以做的，讀書人就不能做，「讀聖賢書所學何事」？行爲、品格就是要高人一等，因而對社會的道德影響力就特別大。

其實，在職業分化不大的農業社會，個別的職業道德非常少，多半都是通用的社會道德，像忠孝仁愛信義和平之類，都沒有職業的界限。監督執行這些道德行爲的，不是個人，而是家庭、家族和社區。每個人的行爲都是這類集體行爲的一部分，個人行爲要對集體行爲負完全責任。爲了使家庭和家族在鄉里中獲得聲望，個人就必須隱藏自己的好惡；爲了達到這種目的，許多家規和鄉規都明白規定，什麼事情可以做，什麼事情不能做❸。這對個人來說，束縛確實很大，但對社會來說，犯罪的可能性就降低很多。

中國人工作的兩大目標是富與貴，貴只有小部分讀書人有機會攀昇，富便成爲大部分國人的努力方向，怪不得朋友、親戚一見面便說，恭喜發財。發財也不是每個人都做得到，正常的管道是：努力工作，累積足夠的錢去收購土地，成爲地主，或因經商致富，而成爲富商兼地主；另一種方法是努力讀書，在士途上獲得高級功名，再進入仕途，利用做官的機會賺錢，於是名利雙收（文崇一，民 61b: 60-2）。賺錢並不那麼容易，有時候靠能力，有時候又靠幾分機會和運氣，於是長久以來，民間都流行一種說法：「人無橫財不富，馬無夜草不肥」❹。

---

❸ 最有名的幾種家規，如《袁氏世範》、《龐氏家訓》、《放翁家訓》等以及其他相似的著作，都可以參閱；其次如《白鹿書院教規》、《朱文公政訓》是另一類的規範。

❹ 一種民間啓蒙讀物，《增廣賢文》，對農業社會有相當的影響力，不論是正面的還是負面的。

這無異鼓勵人去違法經營，以獲取非法利益。可見，即使是在傳統的農業社會，職業道德的負面影響還是存在。

三　工業經濟下的職業道德

我國傳統的農業社會，由於百分之九十以上為農業人口，歷來只要能夠穩定農村或農村經濟，國家的社會秩序大致不會有問題。可是在臺灣，經過幾十年的工業化過程，社會產生了極大的改變，首先是農業的從業人口祇剩下百分之十九，工業增加到百分之四十一，服務業增加為百分之四十（經建會，民 72: 9-12）。職業類別的改變更大，有專業技術人員、行政經理人員、佐理人員、買賣工作人員、服務工作人員、農林工作人員、生產工作人員，每一類工作人員的數目均相當大。這真是中國歷史上從未有過的大轉變，把大部分農業人口轉變為非農業人口，最多的是工業和服務業人口；把幾千年來的重農主義轉變為重工商主義；把以地主、官吏為中心的社會轉變為以企業家、中產階級為中心的社會（魏鏞，民 74；時報雜誌，民 73）。

原來的農業社會，交換過程極為簡單，如土地、手工業品、日常用品，買賣雙方不僅對貨品非常熟悉，對交易所涉及的規範也相當了解。工業社會的規範就複雜多了，工廠主、企業家、勞工、行政首長、職員、店員、總經理、教師、學生……除了每一行都有它的特殊規章，還必須遵守一般的道德規範。這些特殊約定，外行通常看不懂，或者根本無法事先防範。例如買保險，你就不知道如何去理解那些密密麻麻的條文，一旦出了事，只有聽保險業者的解釋；工人要離職了，他能跟老闆爭議的力量非常有限；超級市場出售五花八門的食物、用具，你根本無能去辨別真偽。這種職業的極端分化，我們實在

難以控制每一職業的道德標準，尤其在實踐方面，無法作有效的監督。這就是為什麼在新聞報導上常常看到，某類行為明顯的違規了，卻無法取締或處罰；經濟詐欺者可以利用各種關係，從容的盜取資金；這個地下店倒了，再開另外一家。用一句成語來說，真是「防不勝防」。原因就出在職業分化後的道德危機 (李國鼎，民 70；文崇一，民 70)，我們只鼓勵人要努力工作、賺錢，卻沒有從道德的觀點去告訴他們，什麼錢不能賺，基本的職業道德是什麼，應該如何兼顧私人和社會利益？

缺乏職業道德最明顯的後果是，大家只管賺錢，完全不顧別人生死，例如，有人把飼料奶粉打成鮮奶出售謀利；有人拿毒玉米釀酒；有人非法放款幾十億元；有人胡亂投資、開發，浪費幾十億甚至幾百億的稅金；有人利用地方議員或中央民意代表特權圖利；有人利用官員身份為資本家關說；有人為自己利益亂喊口號、亂幹，而不顧國家前途；有人攔途搶刦、殺人、強暴，完全漠視現有法律；有人在工廠裏成天排放廢水、黑煙，製造污染；有人……。這樣的事太多了，每天打開報紙，都會看到幾件怵目驚心的大消息，不是人慾橫流，就是道德淪喪。普遍缺乏職業道德是其中重要的一環。

所謂職業道德就是對個人行為和人格的尊重，以及對個別職業有關技能、知識和規章的遵從。俗語說：「家有家法，行有行規」。就是這個意思，可惜的是，中國原有的行太少，留傳下來的行規更少，而現在新興的行業又太多，真不知從何處着手去釐訂新行規。

我們也許可以從兩方面來思考：一是一般的道德規範，不論做什麼行業，為人的基本條件總是該做到的，例如說話應該誠實、有信用，做事要盡力，不要存心傷害別人。這不是什麼高深的道德教條，而是尊重個人行為和人格的自我實踐目標。如果一些起碼的道德標準

都不能遵守，那不是職業的問題，而是人本身有了問題。二是職業的
道德規範，這種規範，似乎一開始便沒有多少人去注意，以致積非成
是，而終究是非不分，例如一個住院醫師可以不經過正常管道，私自
推薦成藥，甚至推銷偽藥；藥商可以登大幅廣告，作虛偽宣傳；公司
員工不顧規定，洩露職業上的秘密；教師在教室裏講道理，出了教室
就故意違背教師規則；公務員一面訂立法規，一面卻違法失職；民意
代表一邊在議會質詢官員，一邊卻在大搞特權，或非法貸款。這一類
的事，每一行業都在連續發生，不僅無法改善，還有擴大的趨勢。根
本原因在於，既忽視基本的道德觀念，又缺乏專業的道德訓練。個
人在社會上的行為，就像跑野馬，毫無約束。可是，社會之所以有秩
序，能合作、互助，就靠一套彼此可以溝通與信賴的價值觀念和社會
規範（Parsons & Shils, 1962: 47-243），即使是競爭或衝突，也要
符合一定的規則(Simmel 19; Coser, 1956)。現在好像什麼都沒有，
大家可以為所欲為。

　　我們在前面說過，個人行為本來可能受到家族和社區的約束，工
業化之後，工廠林立，都市擴張，原來的社區範圍遭到破壞，家族關
係無法繼續，早先的約束力自然就消失了。有什麼可以取代呢？依據
西方工業國家的經驗，建立有效的次級關係和新社區意識，對工作環
境和生活環境都會產生影響作用。次級關係如工會、農會、紡織業公
會、青商會、扶輪社、學術團體、俱樂部，當我們不得不脫離原來的
家族、社區等親友初級關係，而進入城市、機構工作，次級團體可以
幫助建立新的關係，產生替代作用。因為每一個團體都有它自己的組
織、規章、目標、行為規範，個人一旦成為團體的成員，就有接受該
團體價值標準和規範的義務，也即是接受再社會化。社區也一樣，當
從甲地移居乙地的時候，必須重新建立鄰里關係，認同新的社區，才

可能產生某類行為的一致性，乃至相互溝通和信賴。現在的問題是，除了極少數社團，如青商會，能正常運作，並發生一些功能外，全國幾千個社團，多半都停留在繳會費、開大會、選舉理監事的階段，既沒有辦法彼此認識，又不能交換意見，如何會有教化的作用呢？幾乎完全失去了成立社團的意義。

事情非常明顯，從約束或指導個人行為而言，傳統的家族、社區、農工商業團體都無能為力了，現代的社團、社區、學校也發生不了太大的作用，那麼，我們的道德觀念從那裏來？職業道德在那裏訓練？看來只有家，公司或政府機構了。

家，本來就是傳遞道德觀念和社會規範的重要起點，家庭教養不良的話，通常就容易產生偏差行為。但是現代的夫婦式小家庭，能不能產生這種功能，還有待觀察。如果夫婦都有工作，白天上班，把孩子交給傭人，託兒所，或幼稚園，晚上回家有多少時間跟孩子說話？何況還要處理家務、看電視。六歲以後，進了國小、國中，又有多少機會跟孩子談問題？高中以後，家庭對孩子的影響力就越來越小了。可見現代家庭，除非有人留在家中陪伴孩子，否則，家庭的教養功能已經無從發揮。

再說公司，現在公司的職前或在職訓練，主要不是培養道德情操，而是為了增加工作效率，多賺錢，希望把員工訓練成守時、守規矩的團體人。至於個人道德的好壞，公司已經無暇過問，雖然一個操守不好的職員，可能把本公司的職業秘密或發明賣給別人，但做為一個老闆，照顧賺錢都來不及，那裏還有興趣去管這些？公家機關就更麻煩了，除非有技術上的必要，很少辦理職前訓練，為數極少的在職訓練，又多半是聽些與職業無關的演講，或讀些無關的書。這樣看來，期待公司或機關對員工的道德訓練又落空了。社區的道德危機可能更

嚴重，都市裏的鄰居冷漠，可能還在其次，最主要的是無視於社區的安寧、整潔，沒有安全感，也沒有整體意識。當年農業社會中的村莊觀念與功能，早已不知消失到那裏去了。

從人的社會化過程來說，家、學校、社區的社會化功能顯然已日益降低；職業、社團的再社會化功能也未見提高。這豈不是說明，訓練個人社會道德和職業道德的所有機構，已面臨挫折和危機？如果是的話，對於與個人利益有關的經濟行爲，將會產生更大的負面影響，更難以控制經濟上的犯罪行爲。我們實在不能掉以輕心。

四　結論與建議

經濟行爲是一種交換過程，往往涉及雙方或多方的利益，必須以國家法律和個人道德爲基礎；如果缺乏這種認知，就容易產生背信、不誠實的行爲傾向，並可能不遵守契約或詐欺別人財物。強調經濟行爲的道德取向，將有助於建立正常的經濟秩序。

我國在傳統的農業經濟下，由於大部分人的生計均屬務農，只有小部分的工商士人和官吏，道德價值的同質性甚高，社會規範也大致相同，又有家庭、家族、村社作爲個人行爲的指導者和監督者，對於職業道德的要求，不會太殷切，一般的道德規範足以應付行爲的需要，何況當時的主要交換行爲爲土地和日常用品。

工業社會的職業分化極爲複雜，一般的道德規範難以控制個別的職業行爲，也卽是僅賴一些抽象的道德信條，如誠實、信用之類，不足以阻止不良行爲，必須建立不同職業的職業道德，例如醫生、藥商、議員、部長、銀行家、教授、店員、水電工、經理……各行各業都有不同的職業道德，教授不能誤人子弟，醫生不能用僞藥，官員不

能亂用特權，這樣才能建立有秩序的經濟行爲。但是，以目前我國的社會狀況而論，不僅難以有效規範職業道德，卽一般的道德標準也難以維持，因爲原來的家庭、家族、村莊的教養功能旣不彰，現代的公司、機關、社區、興趣團體的社會化功能又無從發揮，我們實際已面臨道德上的危機。

要挽救這種危機，也許可以採用下述幾種策略，但必須有機構針對策略作出具體的設計，並徹底執行，僅在討論會上爭論一番，或提出幾個口號，那將無補於事，也就不必枉費功夫了。

(1) 父母同時工作，難以照顧兒女，對兒女的成就觀念雖仍很強烈，但對道德訓練相當疏忽，應該設法一方面加強父母對兒女的道德責任感，另方面也加強對父母的道德訓練。這種事不易做，如果透過公司或機關的職前訓練和在職訓練，安排若干德道訓練的活動或課程，似乎是可行的，但必須能設計出有效的辦法，例如以集體智慧提出活動項目和教材內容。這種訓練應以加強普遍性道德觀念爲主。

(2) 職業道德牽涉的面甚廣，可以利用每一類職業或每一機構的規章，附加若干行爲規範，加強員工對規章和道德規範接受與認知的程度，什麼是該做的，什麼是不能做的，並且應有獎懲的條件。例如，勞工應接受契約上的規定，老闆也應接受這一行業的約束。

(3) 同業公會、興趣團體、學術社團、鄰里集會結社之類的活動應受到鼓勵，如果能在這一類的社團中加強職業道德訓練，至少可使其成員的行爲得到幫助，這些人回到家裏，又可以在道德習慣上幫助他們的子女。現代的家和社區的教養功能已在沒落中，必須設法找出替代的東西，各種社團是最合適的替代者。

(4) 利用各級學校訓練個人的道德意識（包括一般社會規範和職業道德），將是一個理想的環境，但必須調整現存的公民教材，以及

　　許多教師的行為方式。現在的中小學，從校長至教師，作偽的事太多，不僅不能為學生表率，影響學生行為，還可能產生誤導。如何振衰起敝，還有待教育機構的努力。

　　(5) 職業道德跟一般社會道德是彼此互賴的，在加強職業道德的同時，也不能忽略普遍性的德目，如信用、誠實、勤勞、節儉之類。一個人如果不誠，就不可能對機構、對自己的工作作最大的貢獻，盡最大的職責。我們甚至可以認定，職業道德是建立在普遍道德的基礎上，兩者不能偏廢。

參 考 書 目

文崇一

　　民 61a　〈價值與國民性〉，見《思與言》9 (6)：22。

　　民 61b　〈從價值取向談中國國民性〉，見李亦園、楊國樞編《中國人的性格》，《中研院民族所專刊》乙種 4：59–60。

　　民 70　　〈工業社會的倫理〉，《聯合報》（民 70 年 3 月 21 日）。

朱　熹

　　宋　　　《百鹿書院教規》，《叢書集成初編》995。民 28。

　　　　　　《朱文公政訓》，《叢書集成簡編》288。臺北：商務。民 54。

李國鼎

　　民 70　　〈經濟發展與倫理建設〉，《聯合報》民國 70 年 3 月 28 日。

袁　采

　　宋　　　《袁氏世範》，《叢書集成初編》974。民 28。

時報雜誌

　　民 73　　〈崛起的中產階級座談會〉，《時報雜誌》243，7 月 25 日；〈臺灣中產階級大剖析〉，《時報雜誌》244，8 月 1 日。

陸　游

　　宋　　　《放翁家訓》，《叢書集成初編》974。

經建會人力規劃小組

　　民 72　　《就業市場年報》。臺北: 經建會。

魏　鏞

　　民 74　　〈我國中產階層的興起及其意義〉，《中國時報》民國 74 年 5 月
　　　　　　23-25日。

龐尙鵬

　　明　　　《龐氏家訓》，《叢書集成初編》976。民 28。

L. Coser

　　1956　　*The Functions of Social Conflict*. N. Y.: the Free Press.

R. K. Merton & R. A. Nisbet, eds.

　　1961　　*Contemporary Social Problems*. N. Y.: Harcourt Brace
　　　　　　Jovanovich.

T. Parsons & E. Shils

　　1962　　Values, Motives, and Systems of Action, in *Toward a
　　　　　　General Theory of Action*. N. Y.: Harper, 47-243.

G. Simmel

　　1955　　*Conflict and the Web of Group Affiliations*, tra. by K. H.
　　　　　　Wolff & R. Bendix. Ill: the Free Press.

職業聲望與職業對社會的實用性[*]

一　導言

從中國人的經驗來說，職業聲望根本不必去研究，就可以斷定，士農工商四種等級而已。士的聲望最高，商人最低。中國商人在早期的聲望低，主要是受到政治的壓抑；不過，卽使在早期，聲望可能低些，財力和權力還是不低。漢代的晁錯說：「今法律賤商人，商人已富貴矣；尊農夫，農夫已貧賤矣」[❶]。司馬遷也說過：「夫用貧求富，農不如工，工不如商，刺繡文不如倚市門」[❷]。所以，若從權力、財富、地位幾種因素去衡量當時的行職業等級，恐怕不是士農工商，而是士商工農（文崇一，民 61: 59-61）。

這種分類法，在中國的農業及手工業時代，它的應用性很廣，因為當時分工較粗略，轉業的機會也很少，所謂農之子恒為農，工之子恒為工，正是那時的職業精神。

---

[*]　本文由文崇一、張曉春合著。

[❶]　見《漢書・食貨志》。晁氏還說，當時的商人，「因其富厚，交通王侯，力過吏勢，以利相傾」等語，可見權力甚大。

[❷]　見《史記・貨殖列傳》129: 3274。農人收入實在最差，自古皆然。

　　自從現代的工商業體系輸入我國以後，情況就不同了，首先產生變異的便是分工越來越細。例如，以前的士只有兩種人，一種是經由選舉或考試而成的官吏，一種是沒有入仕途的讀書人；現在則複雜多了，除了教授一類的知識分子外，多數的工程師、高級經理人員、高中級官吏、民意代表、軍官等，都可以說是由士出身。工、商兩類職業，更是複雜得多。原來士農工商的分類，顯然不敷現代社會的應用。我們借用了先期發展國家❸研究職業聲望的項目和模式，作為這項研究的參考，但在實際的職業項目和分類方法，仍以我國社會的職業為標準。

　　職業聲望的研究，在美國雖然 1925 年已開始，但成就較大而為後來許多社會學家所引用的，以 NORC 在 1947 和 1963 兩次大規模的調查與研究 (Hodge, Siegel & Rossi, 1967) 為多；國際的比較研究，則 Inkeles 和 Rossi 合作六國研究為較受注意 (Inkeles & Rossi, 1956; Hodge, Treiman & Rossi, 1966)；其後，這種研究不但越來越多，而且從各個角度去探討，例如聲望與社會地位或社會結構的關係，影響聲望的因素，聲望在不同人羣或不同文化間的差異❹等等。大致來說，許多結果均已相當的穩定，例如，以個別職業言，大法官的聲望最高；以職業的類別言，專業人員和經理人員的聲望最高❺。

---

❸　這類名詞，最早是由西方國家派定的，最初叫開發國家、落後國家，後來叫已開發國家、未開發國家，最後叫已開發國家、開發中國家。我不喜歡這種價值判斷，故使用先期、後期發展國家之名，以時間定先後。

❹　許多研究職業聲望的論文，均與社會地位，收入，教育程度，或實用性作分析。請參閱本節所引各論文，及 Goldthorpe & Hope, 1973; Reiss, Jr., et al 1961.

❺　見 Hodge 等前文，美國 NORC (National Opinion Research Center) 1974, 1963 年調查結果。

　　我國研究職業聲望，開始得相當晚。民國 58 年，何友暉、廖正宏用 18 種常見的職業，抽五個大學的 100 個樣本，得到的結果是，大學教授居第一位，其次為工程師；最低為舞女（民 58）。民國 60 年，Grichting（顧浩定）在臺北地區抽樣 386 人，對 126 種職業聲望作研究，結果發現，最高的四種，依次為科學家，大學校長，大學教授，工程師；最低為娼妓 (1971)。1971 年，Robert M. Marsh 作臺北 507 人的抽樣調查，36 種職業中，大學教授及物理學家佔第一、二位，最高；最低為收垃圾者 (1971；1970)。民國 66 年，蔡淑鈴的研究結果，也以大學教授居第一位❻。從臺北的幾個研究來看，歷次多以大學教授的職業聲望佔高位，與美國的多次調查均以大法官佔高位者，略有不同。我國教授佔高位，是否與原來的「士」有些關係？例如強調讀書人的地位，還是只有臺北市的情況如此？似乎值得進一步探討。

　　美國社會學家多半把職業聲望 (occupational prestige) 界定為「社會地位」(social status) 或「社會聲譽」(social honor)，意思是「受別人尊敬的人」❼。這種地位或聲望的來源有好多種，例如，財富、權力、職位、成就、能力或品德。但是，國人對於職業聲望的評估，可能還受到一些傳統文化的影響，例如，傳統對於官員的重視，對於讀書人的尊敬。中國人（傳統社會）一向所強調的功名，不外乎官吏、科舉或封疆大吏；所謂立德，立功，立言，不過是把某些傳統職業加以抽象化而已。

---

❻　蔡淑鈴（民 66）共測 34 種職業，高級人力方面的項目用得很少。

❼　例如 Tylor (1968), Reiss, Jr. (1961) 把它視作社會地位；Eisenstadt (1968) & Hodge, Treiman & Rossi (1967: 313–315) 把它視作社會聲譽。

所以，當初設計時，我們卽把職業聲望當作「職業在社會上所佔的地位」❽。聲望等級的高低就代表社會人士對該職業的評估。進一步言，聲望越高的職業，也可能就是爲社會人士所喜歡的職業，它的被選擇性也可能較高，雖然未必都能獲得那份職業。

本研究除討論職業聲望外，也討論職業對社會的實用性。一方面希望了解兩者是否具有高度的一致性，另方面也藉以觀察兩者相同或不相同的分配狀況。這種研究，在國外也不多，Marsh (1970: 160) 研究臺北職業聲望時，曾用自我評估其職業對社會的用處；Penn (1975) 曾比較美國和捷克二國的職業對社會的用處，結果相當令人滿意。這種比較，對職業聲望的進一步了解也可能有幫助。

所以，本研究最重要的目標有下列幾個：

(1) 建立職業聲望和職業對社會的實用性之等級順序，及其間彼此的相關程度；

(2) 聲望等級和實用性等級在性別、年齡、教育程度上的差異是否明顯；

(3) 決定職業聲望高低和職業好壞的標準是什麼；

(4) 各種職業類別聲望高低的比較，以及國家間的比較，以了解有無地區上或文化上的差異。

二 研究方法

職業聲望既然可以代表一種社會地位或社會聲譽，則其聲望的高低，和對社會實用性的大小，必能對人們在選擇職業時，有相當大的

---

❽ 地位，聲譽或聲望，或受尊敬的程度，意義大致相當接近。

影響。除非不得已，個人總會選擇聲望較高的職業，例如，有些人寧願選擇薪資較低的公務員，這可能與官吏的聲望有關；有些人把工廠中的工作人員一律叫做從業員或作業員，這可能由於工人的地位較低。所以，本研究最重要的研究變項，也卽是依變項，是職業聲望和職業對社會的實用性。

聲望和實用性又可分爲幾種次級類別：一是職業等級的高低次序；二是職業類別間的高低次序；三是不同變項間的差異狀況。

用以研究這些依變項的自變項有：(1)性別，男女對於職業聲望或實用性，通常有某種程度的差異。(2)年齡，不同年齡間的差別應該存在。(3)地區，城市人與鄉村人對於職業等級上的看法，往往不一致。(4)教育程度，受教育年數的多寡，本身可能就造成職業上的等級。(5)影響聲望的變數，也可能是收入、權力、職位，或別的條件。(6)所謂職業的好壞，係指名聲好，工作穩定，賺錢多，有前途，還是別的什麼？這些變項，都是用以分析的指標。這一類的指標，在前述的若干研究中，大抵也都用過，雖然得出來的結果並不完全一致。

我們假定，從這方面事實的了解，將可以幫助我們決定培養人力的策略與方向，至少也可以幫助多了解一些我國在工業化過程中一般人對職業的評價。從理論而言，我們還可以進一步探討現象所顯示的意義，建立我國職業聲望的特殊模式，或世界性工業化模式的一般傾向。這樣，不僅可以看出人們選擇職業的歷史動向，還可以預測將來可能發展的趨勢。

本研究採用結構性問卷訪問法。正式訪問之前，曾以臺大六學院三年級學生做爲試查對象。六學院每院立意抽一系爲樣本，並主觀選取就業情況居中等之系爲條件，樣本分配情形如表49。

表 49　試查樣本分配

系　　　　別	人　數	系　　　　別	人　數
社　會　系	33	機　械　系	43
心　理　系	34	農　推　系	23
歷　史　系	30	牙　醫　系	35

其中男生 113 人，女生 82 人，有 3 人未填性別。

試查抽樣總人數 198 人，職業共 116 種，同時分作聲望與實用性，每項均採由低至高 5 分計算，即 1、2、3、4、5，聲望和實用性，最高的給 5 分，最低的給 1 分。由受試人自填。結果發現：(1) 每個職業項目的聲望與實用性簡單相關均達極顯著程度 (p<.001)，其中僅兩個項目（自耕農、清道夫）未達顯著度。可見兩者之相關性極高，也可以這樣說，凡是聲望高的職業，其實用性也相當高，有時是一樣高。(2) 凡是聲望低的職業，其實用性也比較低，或一樣低。(3) 中間的幾十種職業，等級差距較大，雖然兩者的相關仍達極顯著水準。(4) 男女間的差異不太大，無論是聲望或實用性等級。(5) 五大類的等級順序是：①管理人員，②專業人員，③白領階級，④技術人員，⑤非技術人員。男女完全相同。

其中聲望與實用性的最高和最低 10 項職業如下表 50。

表 50　試查的最高及最低 10 項職業

得分最高 10 項職業			得分最低 10 項職業		
職業項目	聲望等級	實用性等級	職業項目	聲望等級	實用性等級
科 學 家	1	5.5	清 道 夫	106.5	(45)
教　　授	2	4	擦 皮 鞋 工	106.5	106
大　　使	3	8	拾 荒 者	108	(102)
大 法 官	4	9	女 佣 人	109	(97)
醫　　生	5	1	風 水 師	110	111
大 企 業 家	6	3	茶 室 女	111	116
省 主 席	7	10	酒 家 女	112	113
市　　長	8	(12)	舞　　女	113	109
工 程 師	9	2	算 命 仙	114	115
立 法 委 員	10.5	(29)	妓　　女	115	112
董 事 長	10.5	(38)	咖 啡 女	116	110
工 廠 廠 長	(14)	5.5	伐 木 工	(99)	114
飛 機 駕 駛 員	(20)	7	時 裝 模 特 兒	(60)	107
			歌　　星	(68)	108

　　註: 括弧中的職業，表示不在 10 名排行內。

　　上表二十幾個職業項目，兩項的等級差異，除少數較大外，大致還相當接近。事實上也顯示出一種現象，即職業聲望比較傾向於抽象的概念，職業對社會的實用性比較傾向於具體的事實或行動。其餘的幾十種職業，更爲接近這種狀況。這些現象，在以下的正式研究中，還會詳細討論。

　　試查之後，即着手整理問卷及其結果，並酌加修改及增刪。計問卷刪改爲 94 項職業，並酌增其他有關項目。

　　抽樣採取立意與隨機兩種方式： 立意部分控制三個變數， 即性別，城鄉與地區，使它的樣本大致接近；隨機部分爲在各個控制項目下，不再考慮其他因素。樣本特性如表 51。

　　樣本之分佈地區，都市爲臺北市、臺中市、高雄市；鄉村爲臺北縣的石碇、八里、三峽， 臺中縣的霧峯、新社， 臺南縣的新市、西港、歸仁，高雄縣的大社、大樹。調查日期爲 67 年 1 月 20 日至 3 月 12 日。

　　參與實際訪問工作的人有：胡台麗小姐，王淑女小姐，葉春榮先生，陳弘裕先生，以及臺大社會系同學 27 人，東海大學同學 15 人。

表 51　全部樣本特性

項　　別		樣本數	百分比	項　　別		樣本數	百分比
性　別	男	946	62.1	地　區	北　部	518	33.9
	女	578	37.9		中　部	444	29.1
城　鄉	城　市	639	42.3		南　部	563	37.0
	鄉　村	871	57.7	教育程度	不識字	74	4.9
年　齡	15–25 歲	473	31.0		識　字	50	3.3
	26–35	420	27.6		小　學	317	20.9
	36–45	269	17.7		初　中	310	20.5
	46–65	344	22.6		高　中	424	28.0
	66+	18	1.2		專　上	339	22.4

　　訪問方式有兩種：教育程度較高者，通常由被訪人自行填答；教育程度較低或不識字，無法自填者，卽由訪員逐題問答，代填。關於代填部分，因職業等級係 5 分選擇，比較麻煩，我們擔心，很可能有誤解或不解之處。但後來把幾種教育程度分別作相關分析，其相關係數達到 .93 以上，似乎誤差並不大。

　　訪員於訪問前，曾作兩天的短期訓練和討論（東海未參加，由胡、王二位女士轉述）。除討論問卷內容外，並解釋訪問要點、態度、語句的臺語翻譯等，同時要求訪員負責、認真。

　　訪問當天卽核對問卷，不能用者卽剔除。訪問結束後，另僱大學部同學在民族所編碼、過錄，均經過核對。然後打卡，上磁帶。統計全部由電腦作業。

　　設計時，我們卽假定性別、年齡、教育程度、城鄉、聲望及實用性等，其間的差異可能很大。但是經過相關分析，它們個別間的相關係常在 .93–.99 之間，可見相關很高，卽差異的程度很小，甚至沒有。這一點，使我們在討論時減少不少麻煩。

三　結果與討論

（一）　職業聲望與實用性的等級

　　在編製職業表的時候，主要的依據有兩類：一類是美國國家意見調查中心（NORC）所用過的職業項目，及上述幾人研究臺北時所用過的項目；另一類是行政院所頒佈的職業類別和項目，及試查後的了解。參考這兩類的資料，然後編成本研究所使用的 94 種職業。分數的計算方法與 NORC 及其他許多研究大致相同，均用原始分數乘以

20，即最高為 100 分，最低為 20 分，所得職業聲望和職業對社會的
實用性的等級結果如下表 52, 53。

從表52職業聲望的平均分數來看，我們可以依平均數的高低把它
分成五羣加以討論，即第一級， 8 種職業， 91.2－80.5分；第二級，
19 種， 79.7－70.4分；第三級， 23 種， 69.9－61.1分；第四級， 27
種， 59.8－50.5分；第五級， 17 種， 48.9－27.1分。似乎可以如上
歸納為五羣。

在所有職業中，聲望最高的是省主席❾，這跟上次試查的結果不
同，試查為教授居第一位。我們從教育程度、年齡、性別等項分別計
算，除識字加不識字一欄為教授佔第一位，省主席佔第二位，兩種職
業聲望之位置互換外，其餘均係省主席佔第一位；大學教育程度的亦
復如此（試查係以臺大同學為測驗對象）。這一點跟臺北歷次的結果
也不一致❿，那幾次係教授、科學家分別居首位。美國的兩次研究，
州長僅居第三或第六位⓫。也許由於目前臺灣處在一種特殊環境，省
主席掌握的權力大些，故出現此種現象⓬。而這種現象是最近幾年轉
變過來的。在第一級的 8 種職業中，還有一個特點，除教授、科學家
為知識分子（專業人員）外，其餘均為較有實權的官員和民意代表，
可能中國人還是喜歡做官。

第二級 19 種職業，屬於專業人員（工程師、醫生、律師、教師）
的有9種，政治人員7種，大企業人員3種。這一級顯然是專業人員

---

❾ 當初設計問卷時，我們有意把部長省略，但是為什麼原因，當時沒有記
錄下來，現在也想不起來了。 1963 年，NORC 的調查，州長佔第六
位。

❿ 見前述，何友暉，Grichting, Marsh 等人著作。

⓫ Hodge et al, 1967: 324. 1947 第 3 位， 1963 第 6 位。

⓬ 總統和總理的聲望自然更高，但中外此類職業多省略不作。

的天下，其次爲政治人員。中、小學教師爲這一級的平均數較高等級
人員，也許是個好現象。

表 52　職業聲望等級

等級順序	職　業　項　目	平均數	標準差	相對離差	樣　本　數
1	省主席	91.2	15.2	16.6	1513
2	教授	87.9	15.8	18.0	1516
3	科學家	86.5	17.4	20.1	1516
4	大使	84.0	18.4	21.9	1507
5	大法官	83.8	19.9	23.7	1517
6	國大代表	81.5	19.5	24.0	1517
7	市長	81.3	18.1	22.3	1513
8	立法委員	80.5	19.5	24.3	1514
9	軍官	79.7	18.3	23.0	1519
10	監察委員	78.9	19.0	24.1	1513
11	大企業家	78.9	19.8	25.1	1510
12	中學教師	78.8	16.2	20.5	1517
13	工程師	78.8	16.5	21.0	1513
14	醫生	78.6	18.9	24.1	1518
15	郵政局長	75.9	17.9	23.6	1512
16	小學教師	75.1	18.2	24.3	1519
17	飛機駕駛員	74.7	18.1	24.2	1506
18	經濟學家	73.6	19.0	25.9	1511
19	董事長	73.3	20.3	27.6	1516
20	消防隊員	72.7	20.9	28.8	1519

（續）

21	作家	72.3	19.3	26.7	1506
22	省議員	71.9	20.5	28.5	1512
23	火車站長	71.5	18.5	25.9	1518
24	音樂家	71.3	19.5	27.3	1510
25	郵差	70.9	22.0	30.9	1519
26	律師	70.5	19.1	27.0	1519
27	總經理	70.4	18.8	26.7	1512
28	縣市議員	69.9	20.3	29.0	1517
29	銀行經理	69.4	19.9	28.6	1516
30	警官	69.3	19.9	28.7	1514
31	推事	68.7	20.4	29.7	1505
32	農人	68.4	25.4	37.1	1518
33	農會總幹事	68.3	18.2	26.6	1516
34	護士	67.6	19.2	28.5	1518
35	工廠廠長	67.0	18.2	27.1	1516
36	助產士	66.8	20.0	29.9	1515
37	中醫師	66.7	17.7	26.5	1517
38	新聞記者	66.0	21.1	31.9	1517
39	社會工作人員	65.7	19.3	29.4	1502
40	神父	65.5	23.7	36.1	1509
41	科長	64.9	16.8	25.9	1506
42	村里幹事	64.8	19.7	30.4	1518
43	會計師	64.6	18.1	28.1	1512
44	警察	64.5	21.3	33.1	1520
45	空中小姐	64.3	19.2	29.8	1503

（續）

46	畫家	63.9	19.7	30.8	1512
47	機械修理工	63.7	19.8	31.0	1514
48	藥劑師	63.6	18.4	28.9	1515
49	代耕隊員	61.6	21.2	34.3	1495
50	牧師	61.1	22.0	36.0	1501
51	商店老板	59.8	17.3	28.9	1513
52	電話接線生	58.7	20.3	34.6	1515
53	辦事員	58.3	17.2	29.5	1516
54	人事管理員	57.8	18.1	31.3	1507
55	圖書館管理員	57.6	18.3	31.7	1506
56	會計員	57.3	16.9	29.5	1509
57	科員	56.7	16.4	29.0	1504
58	出納員	55.9	17.0	30.3	1508
59	房地產經理	55.8	19.0	34.1	1503
60	代書	55.1	18.8	34.1	1513
61	船員	55.1	19.4	35.2	1513
62	司機	54.5	19.6	36.0	1512
63	攝影師	54.2	17.4	32.0	1513
64	裁縫	54.1	19.5	36.0	1518
65	木匠	53.8	19.8	36.8	1509
66	泥水匠	53.8	21.3	39.5	1508
67	電視裝修工	53.7	18.9	35.1	1513
68	廚師	53.7	19.9	37.1	1516
69	工頭	53.5	18.6	34.8	1509
70	打字員	53.4	17.4	32.6	1510

（續）

71	和尙	53.3	22.8	42.8	1506
72	加油站服務員	52.4	19.8	37.8	1516
73	店員	51.6	17.9	34.7	1518
74	清道夫	51.5	25.2	48.9	1519
75	礦工	51.3	21.7	42.3	1512
76	導遊	50.6	19.0	37.5	1513
77	鐘錶修理匠	50.5	18.2	36.0	1515
78	演員	48.9	19.3	39.4	1514
79	工廠女工	48.5	21.4	44.0	1517
80	車掌	47.5	18.0	37.8	1517
81	美容師	46.2	18.3	39.6	1514
82	歌星	45.7	20.7	45.4	1518
83	理髮師	45.6	18.9	41.5	1515
84	推銷員	45.3	19.2	42.3	1510
85	遊覽車小姐	45.3	18.1	39.9	1514
86	工友	44.7	20.5	45.9	1513
87	道士	43.8	20.2	46.1	1507
88	攤販	43.8	19.6	44.8	1512
89	侍者	42.5	19.9	46.8	1504
90	風水師	42.2	21.3	50.5	1510
91	女佣人	41.8	20.1	48.1	1512
92	算命仙	32.1	16.0	19.9	1517
93	舞女	29.0	15.3	52.9	1517
94	茶室女	27.1	15.1	55.5	1514

表 53　職業對社會的實用性等級

等級順序	職　業　項　目	平均數	標準差	相對離差	樣　數　本
1	省主席	89.4	16.3	18.2	1515
2	科學家	86.8	17.5	20.2	1505
3	教授	86.6	15.8	18.3	1515
4	中學教師	84.8	16.3	19.2	1514
5	農人	84.5	20.2	23.9	1511
6	消防隊員	84.0	18.4	21.9	1513
7	小學教師	83.0	17.4	20.9	1515
8	郵差	83.0	19.4	23.3	1517
9	工程師	82.5	16.9	20.4	1513
10	大法官	82.5	19.8	23.9	1512
11	軍官	81.6	19.3	23.7	1516
12	市長	81.6	18.4	22.5	1504
13	大使	81.5	20.1	24.6	1500
14	醫生	81.3	18.7	23.0	1507
15	大企業家	80.3	19.4	24.2	1509
16	立法委員	77.4	21.2	27.4	1513
17	警官	76.5	20.0	26.2	1511
18	監察委員	76.2	19.6	25.7	1510
19	護士	75.6	18.8	24.9	1506
20	國大代表	75.6	22.7	30.1	1515
21	警察	75.5	21.1	27.9	1519
22	郵政局長	75.5	19.2	25.4	1508
23	經濟學家	75.0	19.6	26.2	1501

（續）

24	飛機駕駛員	74.9	19.1	25.5	1502
25	火車站長	74.6	19.1	25.6	1505
26	助產士	73.4	20.7	28.2	1515
27	機械修理工	72.1	19.0	26.3	1506
28	新聞記者	71.9	20.9	29.1	1516
29	社會工作人員	71.2	19.9	27.9	1499
30	作家	71.1	19.8	27.9	1504
31	村里幹事	71.0	20.5	28.9	1518
32	省議員	70.7	21.3	30.1	1512
33	清道夫	70.5	24.0	34.0	1512
34	律師	70.0	19.8	28.3	1511
35	農會總幹事	69.9	18.9	27.0	1505
36	中醫師	69.6	18.8	27.1	1503
37	縣市議員	69.5	21.1	30.4	1503
38	電話接線生	69.4	20.7	29.8	1511
39	泥水匠	69.3	20.8	30.0	1510
40	藥劑師	69.1	19.1	27.7	1511
41	推事	68.7	21.1	30.7	1500
42	司機	67.9	20.2	29.8	1512
43	董事長	67.1	20.4	30.4	1507
44	代耕隊員	67.1	20.8	31.0	1490
45	工廠廠長	66.8	19.1	28.6	1509
46	音樂家	66.5	19.9	29.9	1506
47	銀行經理	66.4	19.7	29.7	1513
48	總經理	65.8	19.3	29.3	1508

（續）

49	會計師	65.8	18.0	27.4	1508
50	木匠	64.4	20.0	31.0	1506
51	科長	64.2	16.9	26.4	1497
52	礦工	63.2	21.3	33.7	1502
53	辦事員	63.0	18.0	28.6	1504
54	裁縫	62.8	19.9	31.7	1512
55	工廠女工	62.6	22.2	35.5	1515
56	加油站服務員	62.5	20.9	33.4	1502
57	圖書館管理員	62.2	19.3	31.1	1505
58	廚師	62.1	20.4	32.9	1516
59	電視裝修工	61.7	19.7	31.9	1511
60	店員	61.6	20.8	33.8	1513
61	商店老板	61.4	18.4	30.0	1514
62	會計員	61.3	18.2	29.6	1507
63	人事管理員	61.0	19.2	31.4	1499
64	船員	60.9	19.7	32.4	1504
65	空中小姐	60.7	20.1	33.1	1502
66	神父	59.7	23.6	39.5	1504
67	出納員	59.6	18.4	30.8	1506
68	工頭	59.4	19.2	32.3	1503
69	畫家	59.0	20.4	34.6	1513
70	科員	58.8	17.2	29.3	1501
71	打字員	58.2	18.6	32.0	1504
72	代書	57.7	20.0	34.7	1514
73	牧師	57.3	22.2	38.7	1503

（續）

74	理髮師	57.2	21.2	37.0	1513
75	鐘錶修理匠	57.2	19.4	33.9	1510
76	車掌	56.0	20.2	36.2	1509
77	攝影師	55.5	18.4	33.1	1512
78	房地產經理	55.4	19.3	34.9	1495
79	工友	53.3	21.3	39.9	1505
80	導遊	52.1	20.1	38.7	1510
81	推銷員	51.3	20.4	39.9	1499
82	攤販	50.7	21.1	41.6	1514
83	遊覽車小姐	50.5	19.9	39.3	1504
84	和尚	49.3	22.9	46.4	1506
85	演員	48.9	19.7	40.4	1506
86	女佣人	48.8	21.2	43.4	1505
87	侍者	48.5	20.4	42.1	1500
88	美容師	48.1	19.6	40.8	1510
89	歌星	44.0	20.2	46.0	1513
90	道士	42.6	20.7	48.5	1502
91	風水師	41.0	21.7	52.8	1508
92	算命仙	31.2	16.3	52.1	1513
93	舞女	28.9	15.8	54.6	1510
94	茶室女	28.4	16.3	57.4	1510

　　第三級 23 種職業，最多的仍然是專業人員，10 種，其次為政治人員，6 種。農人也屬於這個範疇。這一級和第二級人員有點相似，不過，更基層些。農人僅次於銀行經理、法官（推事），而高於工廠

廠長、新聞記者，這種現象不知是什麼原因造成。

　　第四級 27 種職業，主要屬於工人和服務業人員，其次是事務人員。多半為事務性工作。

　　第五級 17 種職業，主要是服務業人員。工廠女工在這一級，演員、歌星也在這一級。如果不從傳統文化去設想，這種排列恐怕很難解釋。

　　上述五羣分類，完全依照平均數的高低區分。如果只以平均數為參考資料，取其職業較為類似的一段為區分標準，則可得四羣，第一級，14 種，91.2－78.6，主要為政治人物和專業人員；第二級，34 種，75.9－63.6，主要為白領階級和專業人員，其次為經理人員及技術工人；第三級，43 種，61.6－41.8，主要為非技術工人及白領階級，其次為技術工人和服務人員；第四級，3 種，32.1－27.1，主要為服務人員。其中以專業人員和白領階級涵蓋的範圍最廣，分別分佈於第一級至第三級，雖然平均分數相差很遠。至於一般職業的分類研究，將在下面討論並作比較分析。但僅從平均分數來看，似乎可有上列兩種歸類方式，取其分數或職業較為接近的作為一職業羣加以觀察。

　　就職業聲望的整體排列而論，中、小學教師分別佔第 12、16 位，軍官佔第 9，飛機駕駛員佔第 17，消防隊員佔第 20，郵差佔第 25，聲望均在總經理（27 位）、縣市議員（28）、銀行經理（29）之上，基層工作人員聲望在經理之上，不能不說是一種好現象，但實際情形是否真的如此，值得懷疑；工廠女工（79）、工頭（70）、司機（62）的聲望排名，又似乎太低了些，也許正可以說明，這些職業尚不夠受重視。我們可以挑出幾種職業的聲望作一點比較，如下表 54。

　　我們這次做的職業為 94 種，Grichting 為 126 種，NORC 為 90

種，計分方法相同。當我們比較等級高低時，必須同時考慮平均數的
大小（參閱附錄一）。

從甲、乙二項比較，除教授、科學家差距不大，大企業家、工程
師下降外，其餘各種職業聲望均普遍上升。尤以省主席、軍官、中小

表 54　三種職業聲望調查部分項目比較

職業項目	甲、1979(本研究)		乙、1971(Grich-ting)		丙、1963(NORC)	
	等級	平均數	等級	平均數	等級	平均數
省　主　席	1	91.2	10	76	6[1]	91
教　　授	2	87.9	3	83	8	90
科　學　家	3	86.5	1	89	4	92
大　法　官	5	83.8	11	76	1	94
軍　　官	9	79.7	70[2]	56	28[2]	82
大　企　業　家	11	78.9	6	80	17	87
中　學　教　師	12	78.8	26[3]	68	—	—
工　程　師	13	78.8	4	82	22	86
醫　　生	14	78.6	8	78	2	93
小　學　教　師	16	75.1	35	66	30	81
律　　師	26	70.5	38	65	12	89
農　　人	32	68.4	—	—	44	74
新　聞　記　者	38	66.0	45	63	48	71
警　　察	44	64.5	91	49	47	72
演　　員	78	48.9	100	47	—	—
歌　　星	82	45.7	110	41	74	54

註：(1)州長　(2)陸軍上尉　(3)高中教員

學教師上升最多。我們可以說，一般人認為中、小學教師社會地位低落的說法顯然不正確，也可能是一種錯誤的估計和臆測⓭。

　　從甲、丙兩項比較，可以說，每一職業的聲望差距都相當大，除了科學家和警察。乙、丙的差距也相當大。這可能是文化的原因，或工業化程度的原因，雖然 Marsh ⓮ 用臺北的職業聲望與幾個國家的作相關，均達到 .80 以上。

　　表 52, 53 的樣本數雖有出入，但經以 1167 全部答案相同的樣本比較，有 48 項的等級完全不變，三項的變動超過二位等級，其餘僅上下互異一等級而已；兩者的相關係數達 .99。可見樣本對結果不致產生影響。相對離差則顯示，聲望較高者，分散程度較小，也就是一致性較高，例如，第 1 位的省主席，一致性最高；中學教師（第 12 位）跟科學家（第 3 位）的一致性同樣高；而對舞女（第 93 位）和風水師（第 90 位）的認知，分散最大，高低相差較多。

　　表 53 的實用性表現了受訪人對職業的評估，相當強調具體的效果，而且幾乎偏向於直接的功用。受訪人顯示，省主席仍佔第 1 位；第 2，3 的位置互換；升得最高的是第 4 至第 8，中學教師、農人、消防隊員、小學教師、郵差五種職業。整體而論，聲望和實用性相等的職業有 6 種，即實用性沒有升高，也沒有降低；實用性比聲望上升的有 39 種職業（10 級以下的 17 種，10-19 級的 14 種，20-29 級的 7 種，41 級的 1 種）；實用性比聲望下降的有 49 種（10 級以下的 30 種，10-19 級的 12 種，20-29 級的 7 種）。實際升降情形，如表 55。

⓭　1971 年 Marsh 的研究（臺北市）為第 13 位（66 分），共 36 項目；1969 年何友暉等臺北的研究佔第 4 位，共 18 項目。

⓮　Marsh, 1971: 155。事實上 Hodge, Treiman, & Rossi 等人的此類相關均達到 .83（平均數）(1966: 310)。

表 55 職業對社會實用性比聲望高低情況

職　業　項　目	A. 聲望等級	B. 實用性等級	等級差異(A－B)
省主席	1	1	0
科學家	3	2	＋1
教授	2	3	－1
中學教師	12	4	＋8
農人	32	5	＋27
消防隊員	20	6	＋14
小學教師	16	7	＋9
郵差	25	8	＋17
工程師	13	9	＋4
大法官	5	10	－5
軍官	9	11	－2
市長	7	12	－5
大使	4	13	－9
醫生	14	14	0
大企業家	11	15	－4
立法委員	8	16	－8
警官	30	17	＋13
監察委員	10	18	－8
護士	34	19	＋15
國大代表	6	20	－14
警察	44	21	＋23
郵政局長	15	22	－7
經濟學家	18	23	－5

（續）

飛機駕駛員	17	24	－ 7
火車站長	23	25	－ 2
助產士	36	26	＋10
機械修理工	47	27	＋20
新聞記者	38	28	＋10
社會工作人員	39	29	＋10
作家	21	30	－ 9
村里幹事	42	31	＋11
省議員	22	32	－10
清道夫	74	33	＋41
律師	26	34	－ 8
農會總幹事	33	35	－ 2
中醫師	37	36	＋ 1
縣市議員	28	37	－ 9
電話接線生	52	38	＋14
泥水匠	66	39	＋27
藥劑師	48	40	＋ 8
推事	31	41	－10
司機	62	42	＋20
董事長	19	43	－24
代耕隊員	49	44	＋ 5
工廠廠長	35	45	－10
音樂家	24	46	－22
銀行經理	29	47	－18
總經理	27	48	－21

（續）

會計師	43	49	－ 6
木匠	65	50	＋15
科長	41	51	－10
礦工	75	52	＋23
辦事員	53	53	0
裁縫	64	54	＋10
工廠女工	79	55	＋24
加油站服務員	72	56	＋16
圖書館管理員	55	57	－ 2
廚師	68	58	＋10
電視裝修工	67	59	＋ 8
店員	73	60	＋13
商店老板	51	61	－10
會計員	56	62	－ 6
人事管理員	54	63	－ 9
船員	61	64	－ 3
空中小姐	45	65	－20
神父	40	66	－26
出納員	58	67	－ 9
工頭	69	68	＋ 1
畫家	46	69	－23
科員	57	70	－13
打字員	70	71	－ 1
代書	60	72	－12
牧師	50	73	－23

（續）

理髮師	83	74	＋ 9
鐘錶修理匠	77	75	＋ 2
車掌	80	76	＋ 4
攝影師	63	77	－14
房地產經理	59	78	－19
工友	86	79	＋ 7
導遊	76	80	－ 4
推銷員	84	81	＋ 3
攤販	88	82	＋ 6
遊覽車小姐	85	83	＋ 2
和尙	71	84	－13
演員	78	85	－ 7
女佣人	91	86	＋ 5
侍者	89	87	＋ 2
美容師	81	88	－ 7
歌星	82	89	－ 7
道士	87	90	－ 3
風水師	90	91	－ 1
算命仙	92	92	0
舞女	93	93	0
茶室女	94	94	0

表55用A－B，如結果為正，表示實用性等級已升高，如為負，表示實用性等級已降低，例如科學家，A－B＝＋1，即實用性已上升一級；教授，A－B＝－1，即實用性已下降一級。餘類推。一般而言，大抵專業、政治、經理、服務人員實用性有降低趨勢，農人、技術、非技術工人有升高趨勢。這種情形，很可能是受訪人受了「實用性」這個觀念的影響，或者，所謂實用，就必須在日常生活中用得上，和容易了解它用在什麼地方，或有較多人需要這門職業。舉一個比較極端的例子，董事長的實用性比聲望下降了24級，而工廠女工上升了24級。實用性上升得最多的是清道夫，41級（聲望74級，實用性33級）。每一職業項目的比較，雖然可以看出受訪人對於這兩個問題的評價標準，卻相當繁瑣，並且對職業的整體趨勢不易了解。

今依照國際間相當一致的分類標準 (Treiman, 1977)，並參照我國的實際情況，分成下列各類，並計算它們的平均等級（各項目等級相加，再除以項目數）和平均數（各項目平均數相加，再除以項目數）。其中「軍官」一項，不列入分類討論，因本研究僅此一項目，表52, 53 可以看得出來，軍官的聲望等級為9，平均數為79.70；實用性等級為11，平均數為81.60。均相當高，可見一般所說軍人地位不高，可能是誤解。

除軍官外，把93種職業分成9類，其平均等級和平均數如表56（各類所包含職業項目，參閱附錄二）。

從表56可以了解，職業類別等級次序的改變並不大，自第2及第4級起至第9級，聲望和實用性完全沒有變動，雖然實用性的平均值一般均比聲望高一點（第8類神職人員相反，實用性比聲望低些）。不過，1，3的等級變化就很大。就聲望而言，行政人員居第1位，專業人員第2位，大致與西方國家相同；農事人員居第3，比別的國

表 56　職業聲望與實用性的平均等級和平均數

職業類別及等次序	職業聲望			職業對社會的實用性		
	高低次序	等級平均數	平均值	高低次序	等級平均數	平均值
1. 專業、技術及相關人員	2	24.91	72.65(3.63)	2	25.86	74.73(3.74)
2. 行政、經理及相關人員	1	19.39	74.89(3.74)	3	27.61	73.83(3.69)
3. 佐理人員	4	52.20	59.14(2.96)	4	52.00	64.75(3.24)
4. 買賣工作人員	7	71.00	51.26(2.56)	7	72.40	56.08(2.80)
5. 服務工作人員	6	70.76	51.51(2.58)	6	69.53	56.79(2.84)
6. 農事人員*	3	40.50	65.00(3.25)	1	24.50	75.80(3.79)
7. 生產、運輸及相關人員	5	67.17	53.67(2.68)	5	51.50	64.33(3.22)
8. 神職及相關人員	8	71.67	49.75(2.49)	8	82.67	46.85(2.34)
9. 無法歸類人員	9	93.50	28.05(1.40)	9	93.50	28.65(1.43)

說明：等級平均數係用職業的等級相加，再除以職業項目；平均值係用各職業的分數相加，再除以職業項目，前者數目字越小，等級越高；後者數目字越大，等級越高，結果是一致的。

*農人在聲望中排名第 32，在實用性中排名第 5；大學生試查時，聲望排名 69，實用性排名 20。

家就高得多。再就實用性而言，農事人員躍居第1，行政人員退居第3；專業人員比行政人員的位置反而高了。

職業聲望的排列順序，頗與我國士（仕）農工商的傳統暗合，第4級佐理人員實際受到薪水階層或白領階層的影響，然後是工（第5級）商（包括服務），最後就是神職人員和無法歸類人員了。神職人員在西方國家的職業分類中，把它歸入專業中的宗教人員，我們認爲不十分合於我國的國情，故另成一類。這是一種嘗試，可能還有待商酌的地方。茶室女和舞女，在國際職業分類中沒有這種職業，我國也沒有正式承認，但它仍是一種賺錢謀生的方式，只得另成一類。其次，西方人把演員、歌星（actors, singers）當作專業人員，我們以爲與國內目前狀況有差別，暫時與空中小姐之類，同列入服務工作人員。其餘各種職業，大致都比較容易肯定它們的範圍，或與國際情況相似，不成問題。

在職業的實用性中，農事人員高居第一位，實在有點意外。這可能有兩個原因，一是傳統強調農業的重要性，如重農輕商、民以食爲天等，在現實社會中仍然有影響；另一是題目太少（2題），容易產生偏差，不過在聲望的測驗中也僅有二題。專業在實用性中雖居第2位，但與第3位相差無幾，這可能是受訪人對實際運作的專業人員，容易給予較高估價，而行政經理人員多屬抽象的決策層次。但是，生產人員也是屬於具體層次，級位並未高過佐理人員，更不用說，像農事人員那樣，高過專業、行政人員了。這又使我們想到，職業觀念似乎仍敵不過傳統的農業價值。

無論從聲望或實用性來說，似乎還是可以看出傳統的士農工商的影子，雖然仕、農有倒置的情形存在。這可以說，或多或少，職業聲望總是會受到人羣意識形態的影響。其中有些職業，如工程師、董事

長之類似乎與工、商有較多關聯，但這些人，除極少數外，多半也是知識程度。所以，「士」的分量在一、二兩類職業中，實際上仍有舉足輕重的作用。這應該從兩個方向來看：一是我國傳統一向強調讀書人的地位，經過兩千多年的教化，一時恐怕難以削弱它在社會上既有的影響力；二是教育普及，和現代工商業社會需要較高的知識水準，更肯定了讀書人的重要性。實際上，我們認為這是一個好傳統，如果不完全從成本條件去考慮的話。西方的這種職業分類方式，事實上已把高度知識程度的人堆在一堆，沒有辦法再跟其他各類作比較了，其他各類職業總是擺在後頭。許多研究都已指出，職業聲望受到教育和收入的影響非常大❶。以臺灣為例，聲望與教育程度、收入的相關，分別達到 .72, .70，而它的影響量(R^2)達到 .59，其他許多國家，也都有更高或較低的結果❶。

這次全省的研究，關於「決定職業聲望高低」的結果，可以歸納為下述幾個重要指標，如表57。

收入、權力、職位均屬泛指，並未作嚴格的界定，許多被訪者對這些名詞可能有不同的意義。但沒有關係，我們並不要測它們的大小和高低，而純由受訪人主觀認定影響職業聲望的具體指標是什麼。結果如表57顯示，職位是最重要的，佔31.8%，其次為權力(19.0%)，再次為收入 (13.4%)，其餘多微不足道。三者合計，佔 1,524 人中的 64.2%，也就是說，大部分的受訪人認為這些才是影響聲望的主要

---

❶ Reiss, 1961: 84–85; Marsh, 1970: 161–162. 文中僅有百分比討論，聲望與收入間等級不完全一致。但 Marsh (1971: 220–221) 在另文中以相關及迴歸分析，均有高度相關。

❶ Treiman, 1977: 114–115. 文中提出 21 個國家的相關係數及 6 個國家的迴歸分析，顯示聲望與教育、收入間均有高度的相關存在。

表 57　決定聲望高低的因素

影 響 因 素	樣本數	百分比（％）
1.　　收　　入	204	13.4
2.　　權　　力	289	19.0
3.　　職　　位	485	31.8
4. (a) 工作實質	98	6.4
(b) 個人特質	65	4.3
(c) 貢獻大小	117	7.7
(d) 未　　答	266	17.4
總　　　　計	1524	100.0

因素。為什麼贊成「收入」與「權力」的比例反不如「職位」高？這可能還有些別的原因，先看表 58。

表 58 中，「工作穩定」佔 19.3％，「有發展機會」佔 51.8％，可見這些受訪人已經不把錢看得太重要了（只佔 9.6％），最重要的是前途。穩定和發展是決定前途好壞的必要條件，這就與表57的職位有關了；職位又可以說是穩定和發展的先決條件，至少是先決條件之一。

再回到表 56 去看看，「行政、經理及相關人員」佔第一等級，這顯然與高等職位有關，除非已知沒有希望，沒有人會滿足於低等職位的。這可能還是傳統文化的力量，當一位專業人員，例如教授，受命去擔任行政職務時，多被認為是一種獎勵或高昇。其實，如果制度上軌道，這種徵召並不適宜，且不宜太多。太多可能對行政和專業都會造成損害。不過，這是題外話。

表 58　幾種最好的職業

職　業　性　質	樣本數	百分比（%）
1. 名　聲　好	88	5.8
2. 工　作　穩　定	295	19.3
3. 賺　錢　多	146	9.6
4. 有發展的機會	789	51.8
5. (a) 符合需要	37	2.4
(b) 未　　答	169	11.1
總　　　計	1524	100.0

　　到這裏為止，我們對職業聲望和它的實用性已經有一個比較清楚的概念了。

　　(1) 從個別職業來說，除了我們一般所意料到的一些職業，如科學家、大法官有較高聲望外（參看表 52），中、小學教師、軍官、消防隊員之類的職業也具有很高聲望，實在是一件值得高興的事，因為一般人均覺得這類職業可能不受重視；而演員、歌星，卻是出乎意外的低聲望。聲望是含有尊重尊敬的意思。在實用性方面（表 53），除中、小學教師地位更高外，農人、郵差等的等級也都提高了，而演員、歌星仍然很低，這似乎是一種趨勢，不是可以勉強的。

　　(2) 與八年前比較（表 54），有些職業的聲望高了，有些卻低了。省主席從第 10 位升到第 1 位，教授由 3 升至 2，大法官由 11 升至 5，小學教師由 35 升至 16，演員從 100 升至 78；科學家由第 1 降至第 3 位，大企業家由 6 降至 11，工程師由 4 降至 13，醫生由 8 降至

14。升降之間，可能象徵價值取向或社會體系的轉變。

（3）把這些職業的聲望和實用性綜合起來看，有趣的結果出現了（表 56），專業人員在兩者均佔第 2 等級，行政人員、農事人員在聲望分佔 1，3 位，在實用性則分佔 3，1 位，與國際比較，有點高低倒置。這也許還保有中國人的傳統概念，士、農仍為社會所尊重的職業。

（4）影響職業聲望的，究竟是些什麼因素呢？曾經發現的是教育、收入、權力等。在我們的結果中，認為影響聲望最重要的指標，依次是職位、權力和收入，而最好的職業，也是工作最穩定和最有發展機會的職業。這裏顯示，重要職位，仍然是中國人留戀的對象。不過，其中有一點必須特別提出來討論，就是「職位」所佔的百分比雖然較高，三者間的相關也很高，都達到 .98 的相關係數，這表示收入、權力、職位三項間有着難以分割的關係存在，而所謂四種好的職業，其相關程度也達到 .97。可見，一般所謂地位、金錢、權力、發展等對職業聲望和實用性的影響，很不易分割，可能是重疊，也可能是互為影響。

（二） 聲望與實用性類別等級的比較

我們在前節裏分析過職業聲望與實用性的高低，及其相關因素，同時，在某些特殊項目上，也跟先期發展國家的職業作過一點比較。個別職業聲望或實用性的比較，固然有它的意義，卻不易了解它在社會結構和社會意識上所處的地位或所發生的作用。

為了作較有對比性的了解，我們選擇了 Penn ❶ 所作美國與捷克

---

❶ Penn （1975） 文主要目的就在比較美、捷二國職業聲望和實用性的高低。

的比較資料，作為這次進一步比較分析的對象。三個國家在比較職業聲望和職業對社會的實用性時，所用職業項目相同。我之所以採用這種類比，主要因為美國為資本主義工業國，捷克為共產主義工業國，我國則在經濟和工業上正在發展，也許可以代表三種不同的職業模式。

首先，我們比較三個國家職業聲望等級上的高低，如下表 59。

就 21 種職業整體而論，其職業聲望，中國 (臺灣) 高於美國者 12 種，低於美國者 9 種；中國高於捷克者 10 種，低於捷克者 9 種，相等者 2 種；美國高於捷克者 10 種，低於捷克者 9 種，相等者 2 種。

其中三個國家最為接近的職業聲望是：科學家、工程師、中學教師、作家、工頭、木匠、女佣人。這些人多半屬於專業人員及技術與非技術人員。前者可能是在任何社會中都受到重視，排名偏高；後者可能是在任何社會中都不受重視，排名偏低。這裏也顯示一個很有趣的問題，即使是在共產國家，非技術人員同樣不為社會所重視。共產黨所強調的理想是沒有階級的社會，而在職業上所表現的或實踐的仍然是高低分明，例如農人得 1016 分 (points)，女佣人只得到 9 分，相差極大。

捷克職業聲望特別高的是農人、礦工、泥水匠，前二者比中、美約高五、六倍，後者亦高約一倍，這顯然是受到社會價值和社會結構的影響。反過來，官員、教授、法官、作家、新聞記者又比中、美低得多。這些屬於知識分子階層的職業，職業聲望遠不如農人、礦工，又是共產主義理論故意貶抑的結果。

美國職業聲望在三國中較高的有新聞記者，推事；特別低的有司機；另有 7 種和中國接近，5 種和捷克接近，8 種三國均接近 (前面已說過)。

表 59　中、美、捷三國職業聲望等級比較

職　　業	中　國		美　國		捷　克		等　級　差　異		
	等級 (a_1)	平均分數 (a_2)	等級 (b_1)	平均分數 (b_2)	等級 (c_1)	平均分數 (c_2)	中－美 a_1-b_1	中－捷 a_1-c_1	美－捷 b_1-c_1
省 主 席	1	4.56	7	3.66	11	71	－ 6	－10	－ 4
教　　授	2	4.42	3	4.10	7	206	－ 1	－ 5	－ 4
科 學 家	3	4.35	2	4.29	3	826	＋ 1	0	－ 1
軍　　官	4	3.97	23	2.33	20	31	－19	－16	＋ 3
工 程 師	5	3.94	4	3.93	6	450	＋ 1	－ 1	－ 2
醫　　生	6	3.93	1	4.45	1	3074	＋ 5	＋ 5	0
中學教師	7	3.92	10	3.35	5	761	－ 3	＋ 2	＋ 5
作　　家	8	3.61	7	3.81	12	85	＋ 1	－ 4	－ 5
推　　事	9	3.45	5	3.92	19	46	＋ 4	－10	－14
護　　士	10	3.37	11	3.32	17	54	－ 1	－ 6	－ 6
農　　人	11	3.36	13	3.15	2	1016	－ 2	＋ 9	＋11
新聞記者	12	3.29	9	3.49	21	24	＋ 3	－ 9	－12
警　　察	13	3.20	16	2.81	22	16	－ 3	－ 9	－ 6
會 計 員	14	2.87	21	2.43	—	—	—	—	—
司　　機	15	2.73	24	2.30	11	94	－ 9	＋ 4	＋13
裁　　縫	16	2.71	18.5	2.61	—	—	—	—	—
木　　匠	17.5	2.69	15	3.05	15	63	＋ 2.5	＋ 2.5	0
泥 水 匠	17.5	2.69	18.5	2.61	9	141	－ 1	＋85	＋ 9.5
工　　頭	19	2.68	17	2.67	16	59	＋ 2	＋ 3	＋ 1
清 道 夫	20.5	2.58	29	1.76	23	14	－ 8.5	－ 2.5	＋ 6
店　　員	20.5	2.58	26	2.24	—	—	—	—	—

礦　　工	22	2.57	27	2.16	4	782	－ 5	＋18	＋23
演　　員	23	2.45	12	3.20	13.5	71	＋11	＋ 9.5	－ 1.5
女 佣 人	24	2.09	29	1.76	24	9	－ 5	0	＋ 5

說明: (1) 差異爲負 (一) 者，等級升高；爲正 (＋) 者，等級降低。

(2) 中國職業 24 項，捷克 26 項，美國 29 項，各以其順序計算
聲望高低。其中有一、二項職業名詞不同，但很接近，如捷克
只有集體農人；美、捷爲女清潔工人；我爲省主席，美、捷爲
部長。

(3) 中國樣本 1524 (1979)，美國樣本 120 (1973)，捷克樣本 1400
(1965)。

(4) 捷克職業平均數由分 (point) 累積計算，無法比較。

(5) 中美兩國平均分數未乘以 20，如與表四，五對照，則仍須乘
20 後才相當。

中國職業聲望特別高的有省主席 、軍官；比較低的有醫生、演
員。前者爲中國社會所強調的官員，後者爲西方文化的傳統，聲望一
時還高不起來，所以比美捷二國均較低。前面已討論過的，三國相差
不遠的職業有 8 種， 與美國接近的有 7 種， 與捷克接近的有二種。
以中國職業爲本位的話，可以這樣說：(1) 兩種官員的職業聲望特別
高，具有我國傳統價值傾向；(2) 兩種（醫生、演員）在西方國家特
別高，在我國卻較低，因爲這兩種職業在我國傳統社會都不高，演員
尤其低，顯示目前國人尚未完全改變原來的觀念；(3)七種職業聲望，
與美捷二國一致性甚高，表示是一種世界性趨勢，或我國已與其他工
業國家有一致的傾向，特別這 7 種職業分配在非技術工、技術工及專
業人員上；(4) 另有七種職業聲望，我國與美國的一致性較高，其中
有幾種，如農人、礦工，中美的等級極爲接近，而這又是捷克所最強
調的，顯示我國的職業發展趨向於西方國家，與共產國家截然不同；

(5) 我國的職業聲望，與捷克最接近，而又與美國有較大差距的，在
21 種職業中，只有二種，這更說明了我國對職業的評價，的確有西
方工業化的趨向，不同於共產社會。

　　這是就單項職業的比較分析而論，如就它們間的相關程度和類別
總分及等級平均數來看，就更明顯了。相關檢定的結果及等級如下二
表。

　　從表 60 可以看出，中美間職業聲望的等級相關達 .752，美捷間
也有 .466。中捷間則未達顯著程度，表示兩國間的職業聲望差異性較
大。這與前述逐項比較的結果相當一致，中美間不僅等級相關高，聲
望平均分數相關也高（ r = .761）。事實上也如此，在 21 項職業中，
彼此接近和相等的，達 17 項之多。除了某些受傳統影響較深的職業
觀念之外，如官員、演員之類，似乎都和美國的差異不大。這究竟是
觀念的傳播，還是受了工業化和城市化的影響？似乎值得進一步討論
和分析。

表 60　中、美、捷三國職業聲望關係數

聲　望　等　級　相　關	聲　望　平　均　分　數　相　關
中美間　$r_{a_1 b_1}$ = .752**	中美間　$r_{a_2 b_2}$ = .761**
中捷間　$r_{a_1 c_1}$ = .385n.s.	（捷克用的計分標準不同，
美捷間　$r_{b_1 c_1}$ = .466**	故其餘二項無法比較）

　　** $p < .01$

　　表 61 更證實了中美兩國職業聲望的高度一致性，例如，等級順
序完全相同，雖然分數有點高低，我國前二類的聲望比美國高些，後
三類比美國低些。反過來，捷克相當程度的不同於中、美二國，除了

表 61　中、美、捷三國職業類別的聲望等級

	中　華　民　國			美　　　　國		捷　　　克	
	等級順序	等級平均分數	聲望平均分數	等級順序	等級平均分數	等級順序	等級平均分數
專業人員	1	4.60	4.12	1	5.0	1	5.0
政治人員	2	6.75	3.80	2	8.0	3	13.3
白領人員	3	12.00	3.18	3	11.0	4.5	16.0
技術工	4	17.50	2.65	4	14.4	2	8.6
非技術工	5	22.33	2.40	5	19.3	4.5	16.0

說明：專業人員包括教授、科學家、醫生、工程師、中學教師；政治人員
　　　包括省主席、軍官、推事、警察；白領人員包括護士、新聞記者、
　　　會計員；技術工包括司機、裁縫、工頭、木匠、泥水匠、礦工；非
　　　技術工包括店員、清道夫、女佣人。此種項目係遷就 Penn 的分類
　　　與挑選，以便比較（頁 357）。美國等級分數，由 29 種職業順序所
　　　得（頁 356），捷克由 26 種職業所得（頁 355）。

第一類專業人員外。技術工人躍升第二位，等級平均分數只有 8.6，
幾與美國的政治人員相等。 政治人員雖僅降一級， 等級分數卻大到
13.3，比美國的技術工只低一點點。白領一類與非技術工一類降爲同
一等級，從後者來說，它的等級分數升高了，而從前者白領一類來說，
等級降了很多。這個表很明顯的說明，在不同的社會價值和社會結構
中，職業聲望可以產生很強烈的對比，有時候幾乎就代表了這個社會
的實體，不只是意識形態而已。觀於上述技術工在兩種社會中的不同
地位，就不難了解其影響力之大了。這種因果關係，顯然是強調一些
獨特的價值標準所造成的， 正如中共強調工農兵的結果一樣。 反過
來，西方工業社會所塑造的白領階級的聲望高於藍領，也是同一過程

表 62　中、美、捷三國職業的實用性比較

職　業	中　國		美　國		捷　克		等　級　差　異		
	等級 a_1	平均分數 a_2	等級 b_1	平均分數 b_2	等級 c_1	平均分數 c_2	中－美 a_1-b_1	中－捷 a_1-c_1	美－捷 b_1-c_1
省 主 席	1	4.47	11	3.40	11	3.69	−10	−10	0
科 學 家	2	4.34	2	4.27	3	4.30	0	− 1	− 1
教　　授	3	4.33	4	3.95	2	4.36	− 1	＋ 1	＋ 2
中學教師	4	4.24	8	3.67	6	4.14	− 4	− 2	＋ 2
農　　人	5	4.23	6	3.86	8	3.93	− 1	− 3	− 2
工 程 師	6	4.13	5	3.92	4	4.29	＋ 1	＋ 2	＋ 1
軍　　官	7	4.08	29	2.01	26	2.47	−22	−19	＋ 3
醫　　生	8	4.07	1	4.66	1	4.76	＋ 7	＋ 7	0
護　　士	9.5	3.78	7	3.70	9	3.78	＋ 2.5	＋ 5	− 2
警　　察	9.5	3.78	9	3.49	23	2.89	＋ 5	−12.5	−12
新聞記者	11	3.60	13	3.17	19	3.08	− 2	− 8	− 6
作　　家	12	3.56	12	3.19	12	3.40	0	− 5	− 5
清 道 夫	13	3.55	17	2.61	24	2.86	− 4	−11	− 7
泥 水 匠	14.5	3.47	19	2.58	21	3.74	＋ 4.5	＋3.5	＋ 6
推　　事	14.5	3.47	3	4.01	14	3.48	＋11.5	＋0.5	−11
司　　機	16	3.40	24	2.31	7	3.95	− 8	＋ 9	＋17
木　　匠	17	3.22	22	2.43	15	3.45	− 5	＋ 3	＋ 3
礦　　工	18	3.16	20	2.56	5	4.16	− 2	＋13	＋15
裁　　縫	19	3.14	26	2.21	21	2.91	− 7	− 3	＋ 5
店　　員	20	3.08	27	2.20	22	2.91	− 7	− 2	＋ 5
會 計 員	21	3.07	25	2.25	18	3.14	− 4	＋ 3	＋ 7
工　　頭	22	2.97	16	2.63	13	3.64	＋ 6	＋ 9	＋ 3
演　　員	23	2.45	28	2.19	20	2.99	− 5	＋ 3	＋ 8
女 佣 人	24	2.44	30	1.80	22	2.35	＋ 6	− 4	＋ 2

說明：所用職業與前表 61 同。中國職業 24 項，美、捷各 30 項，各以其
　　　次序計算實用性高低。

與結果。這就是說，職業聲望與社會的意識形態差不多完全一致，至少是具有一致的傾向。這種問題，就不是經由收入或教育程度的研究，所能解決的；在此之先，還必須特別考慮到價值因素。

我們在前面已經分析過，在一個國家內，職業的聲望和實用性仍有不小的距離，相等者極少。那麼，在不同國家間的情形如何呢？我們可以先看表 62。

從表 62 觀察，職業的實用性在三國間的一致性比較高，22 個項目中，雖只有一個完全相等，卻有 12 個有一致的傾向。中國實用性估價特高的有兩項，省主席和軍官；特低的也有兩項，醫生和工頭；與美國較接近的有五項，與捷克較接近的有兩項；另有兩項較分散。美國特高的有一項，推事；與捷克接近的有四項（也卽是中國特高和特低的四項）。捷克特高的有兩項，礦工和司機；特低的有兩項，警察和清道夫。這些職業實用性的相似情形，與聲望沒有太大的差別，例如我國以官員及專業人員的實用性較大；美國以專業人員的實用性較大；捷克以技術工及專業人員的實用性較大。以個別職業而論，中學教師和農人的實用性等級，在三國普遍升高；其餘互有升降；女佣人則仍居最後一位。這種情形，也跟聲望差不多，受到各國文化或意識形態的影響。這些職業在三國間的相關程度，及類別高低可以從下表得知。

表 63 顯示，中美間和美捷間職業實用性的等級和平均分數，均達到高度的相關（r＝.51 以上）；中捷間的等級相關未達顯著水準，表示兩者無關，這和聲望的結果是一致的；但中捷間的平均分數也有高度相關（r＝.57），是不是由於相同項目太多，使彼此間的一致性增加的緣故？或者，對於職業的實用性的認定或評價，不受到地區、文化和社會結構的影響。

表 63　中、美、捷三國職業實用性的相關係數

實　用　性　等　級　相　關		實　用　性　平　均　分　數　相　關	
中美	$r_{a_1b_1} = .514**$	中美	$r_{a_2b_2} = .594**$
中捷	$r_{a_1c_1} = .271$	中捷	$r_{a_2c_2} = .565**$
美捷	$r_{b_1c_1} = .723**$	美捷	$r_{b_2c_2} = .737**$

**p $<$.01

　　從表 64 實用性類別等級來看，依然是中、美的順序一致，跟聲望的結果完全相同；捷克還是技術工佔第 2 位，比政治和白領人員都高，也和聲望的情況沒有差別。

表 64　中、美、捷三國職業實用性類別的等級

職業類別	中　　國			美　　國		捷　　克	
	等級順序	等級平均數	實用性平均數	等級順序	等級平均數	等級順序	等級平均數
專 業 人 員	1	4.60	4.22	1	5.0	1	4.3
政 治 人 員	2	8.00	3.95	2	12.75	3	18.25
白 領 人 員	3	13.83	3.48	3	16.6	4	19.6
技 　 術 　 工	4	17.75	3.23	4	20.7	2	11.8
非 技 術 工	5	19.00	3.02	5	22.75	5	23.75

說明：所有項目如表 61 所列，其餘二國資料來自 Penn 的資料 (1975：360)。美、捷二國等級分數，由 30 種職業次序所得 (358-9)。

　　經過聲望和實用性的三國比較，無論是職業項目間的差異，相關程度，或類別的等級順序，我們發現：

(1) 對於不同的單項職業，中國最重視官員，然後是專業人員；美國最強調專業人員，然後官員；捷克最強調技術工人，然後是專業人員。這是三國間的最大差別。

(2) 在職業類別和職業的相關程度上，中美兩國，不僅相關高，模式也相同，而聲望和實用性的高低順序均是專業、政治、白領、技術、非技術；捷克與美國雖也有高相關，與中國卻無關，並且特別提高了技術工人的地位，爲另一種模式，它的順序是專業、技術、政治、白領、非技術。

(3) 有不少職業，在三個國家中具有差不多一致的等級傾向，彼此僅相差一、二級，這可能是世界性的趨勢，或受了工業化的影響，例如科學家、工程師、或非技術工人的處境。

(4) 從整體觀察和分析，我們可以了解，美國在一方面和中、捷兩國都有高相關，在另方面又分別有不同的等級模式，即中美爲一模式，捷克爲另一模式，顯然受到了某些特殊因素的影響，例如社會結構、價值體系或意識形態。

Penn 在他的論文裏強調，造成美國和捷克對職業評價上的差異，不在於工業體系中的道德價值或認知標準，而在於教育程度或權力之類的東西[18]。假若是價值不同的話，爲什麼捷克的技術工人等級高於政治人物（包括部長）？因爲即使在捷克，政治人物仍然握有很大的權力，至少他的權力大於技術工人，可見這不是意識形態造成的結果[19]。我們認爲一種價值觀念會不會造成影響，固然不完全是強調的結果，但經過強調，而又爲人民所接受的話，它的影響顯然是可能的。現代國家重視工程或專業人員，農業社會重視官吏，不能不說是

---

[18] Hodge (1967), Inkeles (1956) 等人的文中均曾討論過這點。

[19] Penn (1975: 362) 認爲 Inkeles 等人的說法是錯誤的。

社會類型塑造而成。捷克的技術工人地位無疑是它的社會意識所塑造的，政治人員雖有較大的權力，那是野心家的事，一般的捷克人可能並不或無法重視，或者說，官員雖有權力，未經強調，一般人的反應就比較冷淡。有權力而聲望不高，正是社會價值所造成的結果。至於說，教育之類的因素影響對職業的評價，恐怕也只是程度上的差異，例如，我們這次的職業分析，不同教育程度間的相關達到 .90 以上，排列順序也沒有太大的出入。可是，我們也不能說與教育程度完全無關，例如，較好、較多收入、較有權力的職位，大多都需要較高的教育程度。這就使許多關係糾纏不清，我們必須做更多的深入研究，把這些關係孤立出來，才能比較容易理解。事實上，進一步說，收入和教育程度之所以影響較大，仍然是社會意識所造成，社會如果不十分重視錢和知識的話，像中國早期的社會，立德、立功、立言，同樣可以獲得較高的評價和作為事業成就的標準。只有美國這樣的工業化和功利社會，錢才是最重要的成就指標。Treiman 在比較一些論點時說，在以色列，教授和老師的聲望總是高於別的地方；商人在中國和日本的地位，總是比別的國家低 (1977: 144)。實際上，教授和老師在我們這次的分析中發現，聲望之高，已經超過了以色列[20]。這些，也許即是受文化價值的直接影響而成，因而產生國與國間的特殊差異，就不能完全歸之於教育和收入了。不過，Treiman 又認為，各國職業聲望之所以有高度相關 (r=.81)，乃由於權力 (power) 和特權 (privilege)，即教育和收入的相似性 (similarity) 使然[21]。這就完全是 Lenski 的論調，即權力產生特權，特權產生聲望，雖然他還

---

[20] Treiman, 1977: 400–401，以色列職業聲望，科學家居第 1 位，教授佔第 3 位，高中老師佔第 11 位（共調查 48 種職業）。

[21] Treiman, 1977: 224–5. 依黃大洲教授意見，改譯為「特權」。

強調權力也可能直接產生聲望 (Lenski, 1966; Treiman, 1977: 56, 16-21)。

　　假如我們換一個角度來看，技術、知識、經濟力量、權威、物質報償或道德獎勵，是不是在每一個社會都有同等的重要性，不受文化價值的影響？或者簡單點說，教育與收入在不同的文化體系裏，是否具有同等的重要程度？同等的影響到職業聲望與職業的實用性？答案顯然是否定的，因為每種社會的權力來源不同，收入的計算方式及其功能也不同，最明顯的例子是資本主義社會和共產主義社會之間的差別。這些國家間的聲望相關雖然很高，可是聲望的等級(rank)相關仍有差別。以前述中、美、捷三國為例，中、捷間無論在聲望和實用性方面，都沒有達到顯著的相關程度，兩國的聲望等級或實用性等級，都沒有任何關係。最明白的是在捷克，為什麼政治人物權力大，收入多，聲望反而低？技術工人權力小、收入少，聲望反而高？在中國，歌星、演員、舞女收入高，聲望很低；總經理、銀行經理等收入和權力都高於中、小學校老師，聲望卻低得多；這又是為什麼？再舉一個例子，大學教授和科學家，在全世界都不屬於收入好和權力大的一羣人，然而，他們的聲望總在前十名之內，許多研究報告且居第一位或第二位，顯然是受了價值觀念或世界性工業體系的影響。可見，收入和權力不能作為聲望高低的決定性因素，只是影響職業聲望和實用性的因素之一而已。

四　結論

　　從前述的分析和討論，我們可以獲得幾點結論。同時，我們必須將這些結果加以比較引申的討論，以幫助我們對職業聲望及職業對社

會的實用性，作更深一層的了解。

1. 從職業聲望的排列次序顯示，國人對政府官員，尤其是中央官吏評價仍特別高，而且有昇高的趨勢。這可以由下列幾點獲得了解：(1)在聲望最高的前 10 名中，專業人員只有三種，教授、科學家與大法官；其餘七種，省主席、大使、國代、市長、立委、軍官、監委，均為官員與民意代表❷。表示國人對官員職位仍相當重視，而且比七年前要重視得多。1971 年，Grichting 臺北調查結果，前 10 名中只有三種為行政經理人員，大企業家、外交官、省主席，餘均為專業人員❸，這種情形，如果不是行政人員的地位越來越受重視，便是人民越來越對行政職位發生興趣，或兩者都有。(2)在分類的平均等級中，行政經理人員也是佔第一位（表 56），專業人員佔第二位，而在西方國家，大致都是倒過來，專業人員佔第一位，行政經理人員佔第二位。(3)這七種高聲望職業的人，收入不一定很好，平均教育程度也不會太高，但權力相當大，都是方面大員。正是傳統中國人所嚮往的職位。這與前述強調「職位」和「發展機會」的觀念（表 57, 58）是一致的。我們可以說，這恐怕是受了文化價值的影響。另方面，從社會安排也可以看得出來，當了什麼長，便要參加或主持什麼樣的會，而不是因他的專業知識。

2. 專業人員的平均聲望等級佔所有職業的第二位，是一種世界性的趨勢，特別是在後期發展的國家中。例如，除上述三種外，中、

---

❷　參閱表 52 前 10 項，民意代表在我國具有官員的意味，一方面比官員的時間還長，太久了；二方面官員還必須討好他們。這是比較特別的。

❸　參閱 Grichting (1971)。另 7 種為：科學家、大學校長、大學教授、工程師、建築師、醫生、經濟學家。美國 NORC, 1963 的結果與此接近。

小學教師、工程師、醫生、飛機駕駛員、經濟學家、消防隊員、作家等，比起許多經理人員，可以說旣沒有權力，又不是有很好的收入，而他們的聲望在企業經理之上，顯然是受到工業化後尊重專業知識的影響。這種結果，在許多別的國家，也有相似的發現。專業人員比較優異的條件是教育程度一般較高。

3. 若干職業，在傳統中國社會的地位不高，即是不太受尊重，現在外國社會雖然受到重視，在我國的聲望仍然不十分高，甚至受到輕視。牧師（和尙、道士）、藥劑師、商店老板、房地產經理等是其中的一類；演員、歌星等是其中的另一類。尤其是後者，以收入而論，可能比行政及專業人員都高，但聲望幾乎低到了極限（78, 82 級）。中國人對這些職業的不重視情形，一時恐怕也改變不過來。就是在西方國家，這些人的收入也比教授、中小學教師爲高，聲望還是低得多。

4. 職業對社會的實用性受到具體行爲及職業功能的影響，行政經理人員的實用性大幅降低，農人和農業技術人員的實用性則大幅度上昇，其一、二、三的等級順序分別爲農人，專業技術人員，行政經理人員（表 52, 56）。職業實用性的前 10 項中，除省主席和農人外，餘均爲專業及技術人員。另一方面，前述一些不受重視的職業，如演員、歌星、牧師等，實用性地位尤低。中國人在強調具體的實用層次時，觀念通常是很敏銳而切實的。例如，農人佔了第一位，可能就受到糧食的重要性，或民以食爲天，這類觀念的影響。值得注意的是，在實用性方面，行政人員的地位在專業人員之下了，其他各類職業卻沒有什麼變動。

5. 依 94 種職業最高相關的分配狀況，及其相互間關聯情形爲條件，我國的職業似應分爲 11 類，每類中的各種職業，彼此均有較高的相關，其中最少兩項係在 94 項中有最高相關係數。11 類職業的

表 65 我國職業類別的聲望等級

職 業 類 別 及 等 級	職業項數	等級平均數	聲望平均數
1 類 政 治 人 員	13	14.85	77.49
2 類 專 業 人 員	10	16.90	76.68
3 類 管 理 人 員	6	24.50	71.58
4 類 軍 警 人 員	3	27.67	71.17
5 類 農 事 人 員	2	40.50	65.00
6 類 事 務 人 員	14	50.86	60.22
7 類 技 術 工*	21	61.62	55.67
8 類 非 技 術 工	9	65.89	53.66
9 類 服 務 人 員	8	72.00	51.06
10 類 神 職 人 員	6	71.67	49.67
11 類 不 能 歸 類 人 員	2	93.50	28.05

* 依相關高低而取捨，商人多半在此類中，事實上所謂技術工，除極少數外，多屬半技術或不到半技術的程度。我們也可以立意把小商人之類分出來另成一類，但這樣就不能顧及相關程度了，因而仍以高相關爲分類要件。

類別名稱，等級順序，及聲望平均數如表 65（各項目及其相關係數見附錄三）。

我們原來的意思是， 1，2，3，6 可能爲一類， 與士有關，但各類間的相關，許多雖達顯着程度，卻不是最高，所以還是分別爲類；其餘各類情形也相似。 從表 65， 我們可以了解，政治人員的聲望最高；專業人員，也可以說是知識分子的職業，次之；經理人員，所謂企業家，又次之。其實，這三類的從業人員，絕大多數爲知識人，即高等知識程度。這種分類，與表 56 的國際分類標準有些差異，但從

相關及實際情形來說，可能更適合我國的國情。這是一種嘗試，要把這個模式穩定下來，可能還需要作更多的驗證工作。這種分類，最初是以士農工商爲思考的線索。

6. 比較國際間的職業聲望和職業對社會的實用性，顯然有兩種不同的類型：一是平衡的職業聲望與實用性類型，行政管理人員和專業技術人員的聲望都相當高，且有平衡發展的趨勢，如美國；二是專業的職業聲望與實用性類型，專業與技術工人的聲望較高，有偏向於專業人員發展的趨勢，如捷克。美國式的類型受到工商業自由經濟及管理方式的影響很大，捷克式的類型則受到國家統一控制經濟的影響。我國的職業類型較爲接近美國，但不完全相同，例如在同一類別中，美國較爲強調管理人員的聲望，我國則較爲重視行政人員的職位。

再以 34 個國家 (Treiman, 1977: 318-491) 的職業聲望作比較，取其聲望最高的前 10 項，即由高級人力爲着眼點，我們發現其類型與上述二種極爲相似，甚至可以說相同。其一是平衡的職業聲望類型，即最高職業聲望的前 10 項，有平均分佈於行政管理及專業技術人員的趨勢，如英、美、中、泰等國；其二是專業的職業聲望類型，即最高職業聲望的前 10 項，集中分佈於專業技術人員，如蘇、捷、比等國。如表 66, 67。

這二表顯示，平衡型各國彼此間的差距大些，專業型各國間的差距似乎小些。從平衡型來說，許多後期發展國家，並非實行民主政治，經濟上則可能比較接近資本主義形態；專業型的許多先期發展國家，如瑞士、瑞典等，爲民主國家，並不是共產政治，經濟上則是高度的實行社會福利政策，也非共產主義式的，但聲望類型相當接近，雖不是完全相同。這種情形，顯然是經濟或社會價值產生了很大的作用，即某些社會強調了某些職業，而決定了其聲望的高度；從某些社

表 66 平衡型的職業聲望國家

國 別	行政及管理人員	專業及技術人員	商人	軍人	國 別	行政及管理人員	專業及技術人員	商人	軍人
美 國	6	4			加 納	3	7		
澳 洲	3	7			印 度	4	5	1*	
加 拿 大	5	5			印 尼	4	4		2
法 國	7	2	1		以 色 列	3	7		
中 華 民 國	7	3		1	巴 基 斯 坦	4	6		
丹 麥	3	6			菲 律 賓	4	6		
西 德	3	6	1*		西 班 牙	4	6		
日 本	4	6			泰 國	4	3	3**	
英 國	3	7			土 耳 其	3	6		1
巴 西	7	2		1	烏 干 達	4	6		
智 利	5	5							

註: 有 * 農場主, 非商人。 ** 其1為農場主。

表 67 專業型的職業聲望國家

國 別	行政及管理人員	專業及技術人員	商人	軍人	國 別	行政及管理人員	專業及技術人員	商人	軍人
波 蘭	—	10			比 利 時	—	10		
蘇 聯	—	10			錫 蘭	1	8		1
南 斯 拉 夫	1	9			伊 拉 克	1	6	1	2
捷 克	1	7	2*		墨 西 哥	2	8		
瑞 士	1	9			荷 蘭	2	8		
挪 威	1	7	1	1	紐 西 蘭	2	7	1**	
瑞 典	1	5	2	1					

註: *技術工人；** 農場主。數字代表職業數。

會中，農場主和軍人的重要性，更可以肯定價值觀念在評估職業聲望時所產生的影響力。以我國為例，農人的聲望佔第 32 位，僅次於銀行經理、推事，而在工廠廠長、新聞記者、科長等之上，演員與歌星更遠不及它；論收入與權力，則農人要低得多，從整體言，軍人的收入和權力不如經理或政治人員，工人也不如專家或政治人員。但從文化價值而論，則就要看那個社會是強調什麼職業了；收入或權力，只是職業聲望重要性的一部分，不是全部。所以，我們可以說，收入，教育程度或權力，對職業聲望的高低會有影響，但最重要的還是職業的社會地位，即職業在價值評估下的重要性。

　　7. 就這次的樣本來看，似乎收入、權力、職位、發展機會（見表 56、57）是決定聲望高低和最好職業的重要因素。假如這種意見或意願會影響選擇職業的話，則在可能的範圍內，勞動力轉移的頻率就會增加。因為「勞力移轉，一方面是勞工尋找較佳就業機會的一種反映，同時也是人力資源分配未達到適當境界的一種現象」❷④。尋求較好的機會，似乎是一種相當普遍的就業行為，但是什麼是較好或較不好的職業，就可能受到社會，文化或其他因素的影響了。徐育珠等人所設定的影響因素，如淨入率受所得、年齡等影響的判定係數均非常低，甚不理想（民 64：102-4）。但職業間的淨移轉率，仍以行政管理人員的 33.01% 為最高（移出率 7.88，移入率 40.89），這與職業聲望的結果是相當符合的，即有相當多的人轉業到這一種聲望高的職業。可是農牧人員的淨移轉率高達 -13%，即轉出的比轉入的多得多，而且多半轉為工人及買賣工作人員（徐育珠等，民 64：90, 137），這些職業的聲望又比農人低得太多。兩者合併考慮，可見職業聲望與

---

❷④　徐育珠、侯繼明，民 64。也有人認為，「勞力移轉可消除各部門之工資差異，使人力資源之分配更為適當」（經設會，民 65）。

勞動力轉移問題，很難混爲一談。重要的可能還是薪資影響到轉業，以 65 年一月各職業平均薪資爲例，（行政）管理以員爲 8,250 元最高，買賣工作人員 3,967 元，生產作業人員 3,552 元，農林人員 2,941 元（經設會，民 65：22）。這樣的工資分配，許多人員大量轉入管理部門，農業人員轉出到買賣及生產部門，是很自然的事。從 60 年至 64 年，五年間管理人員的淨移轉率爲 7.75%，轉入爲轉出的一倍多，農事人員的淨移轉率爲 −5.63%，轉出爲轉入的三倍多（經設會，民 65：38）。這種趨勢似乎一直沒有變。這也可以說明，職業聲望不完全受到收入或權力的支配，轉業卻可能受到收入的影響很大。黃大洲的研究認爲，鄉村青年選擇職業的原因和過程就相當複雜 (Huang, 1973)。本文不是研究職業選擇，自無法作進一步討論。

　　8. 我們必須指出，在高級人力方面，我國行政人員的職業聲望比別的國家特別高，而且比經理人員及專業技術人員高出許多，這對今後高級人才的培養，可能受到影響，必須特別注意；其次，技術工人的職業聲望仍不夠高，而且比農人、軍、警低得太多，長久下去，對工業的進一步發展，可能構成重大威脅。無論它的原因是來自收入、權力，還是社會的價值觀念。

參 考 書 目

文崇一

　　民 61　　〈從價值取向談中國國民性〉，見李亦園、楊國樞編，《中國人的性格》。臺北：中研院民族所。

司馬遷

　　西漢　　《史記·貨殖列傳》。

何友暉、廖正宏

　民 58　〈今日中國社會職業等級評價之研究〉，《臺大社會學刊》5：
　　　　151-156。

班　固

　東漢　　《漢書・食貨志》。

徐育珠、侯繼明

　民 64　《臺灣地區人力運用問題之研究》，《行政院經濟設計委員會經濟
　　　　叢刊》88：87。

經設會

　民 65　《臺灣地區人力運用調查報告》。臺北：經設會。

蔡淑玲

　民 66　《影響鄉村人民社會價值取向變化因素之探討》，碩士論文，未出
　　　　版。

S. N. Eisenstadt

　1968　Prestige, Participation, and Stratification, in J. A. Jack-
　　　　son, ed., *Social Stratification*. London: Cambridge.

John H. Goldthorpe & Keith Hope

　1973　Occupational Grading and Occupational Prestige, in W.
　　　　Müller & K. U. Mayer, eds., *Social Stratificational and
　　　　Career Mobility*. Paris: Mouton.

W. L. Grichting

　1971　*Occupational Prestige Structure in Taiwan*, 《臺大社會學刊》
　　　　7：67-80。

Robert W. Hodge, Paul M. Siegel & Peter H. Rossi

　1967　Occupational Prestige in the United States, 1925-1963, in
　　　　Reinhard Bendix and Seymour H. Lipset, *Class, Status,
　　　　and Power* (2nd ed.). N. Y.: The Free Press.

R. W. Hodge, Donald J. Treiman, & P. H. Rossi

　1966　A Comparative Study of Occupational Prestige, in R.

Bendix & S. M. Lipset, *Class, Status, and Power*. N. Y.: Free.

Ta-chou Huang

1973　The Interrelation of and the Reasons for Occupational Choice by the Rural Youth in Taiwan, 《臺大社會學刊》 9: 51-62。

Alex Inkeles and Peter Rossi

1956　National Comparisons of Occupational Prestige, *American Journal of Sociology* 61: 329-339.

Gerhard E Lenski

1966　*Power and Privilege: A Theory of Social Stratification*. N. Y.: McGraw-Hill.

R. Marsh

1970　Evolution and Revolution: Two Types of Change in China's System of Social Stratification, in L. Plotinicov and A. Tuden, eds., *Essays in Comparative Social Stratification*. Pittsburgh: University of Pittsburgh Press.

1971　The Explanation of Occupational Prestige Hierachies, in *Social Forces* 50 (2): 214-222.

Roger Penn

1975　Occupational Prestige Hierarchies: A Great Empirical Invariant? *Social Forces* 54 (2): 352-364.

Albert J. Reiss, Jr., et al

1961　*Occupations and Social Status*. N. Y.: The Free Press.

Donald J. Treiman

1977　Occupational Prestige in Comparative Perspective. N. Y.: Academic Press.

Lee Tylor

1968　*Occupational Sociology*. N. Y.: Oxford.

附錄一　三種職業聲望比較表

(1979 文崇一張曉春，全省；1971 Grichting, 臺北市；1963 NORC, 美國)

等級順序	問卷號碼	職　業　項　目	平均數	標準差	相對離差	樣本數	Grichting (1971) 等級順序	NORC (1963) 等級順序
1	19	省主席	91.2	15.2	16.6	1513	10	5.5
2	17	教授	87.9	15.8	18.0	1516	3	8
3	82	科學家	86.5	17.4	20.1	1516	1	3.5
4	88	大使	84.0	18.4	21.9	1507	7	11
5	5	大法官	83.8	19.9	23.7	1517	10	1
6	33	國大代表	81.5	19.5	24.0	1517	29	—
7	93	市長	81.3	18.1	22.3	1513	15	17.5
8	18	立法委員	80.5	19.5	24.3	1514	—	—
9	7	軍官	79.7	18.3	23.0	1519	70	27.5
10	46	監察委員	78.9	19.0	24.1	1513	—	—
11	6	大企業家	78.9	19.8	25.1	1510	6	17.5
12	2	中學教師	78.8	16.2	20.5	1517	26	—
13	24	工程師	78.8	16.5	21.0	1513	4	21.5
14	81	醫生	78.6	18.9	24.1	1518	8	2
15	68	郵政局長	75.9	17.9	23.6	1512	—	—
16	65	小學教師	75.1	18.2	24.3	1519	35	29.5
17	22	飛機駕駛員	74.7	18.1	24.2	1506	43	21.5
18	79	經濟學家	73.6	19.0	25.9	1511	9	34.5
19	76	董事長	73.3	20.3	27.6	1516	—	—
20	54	消防隊員	72.7	20.9	28.8	1519	67	—
21	37	作家	72.3	19.3	26.7	1506	30	34.5
22	28	省議員	71.9	20.5	28.5	1512	49	—
23	71	火車站長	71.5	18.5	25.9	1518	—	—
24	27	音樂家	71.3	19.5	27.3	1510	22	—
25	38	郵差	70.9	22.0	30.9	1519	57	—
26	70	律師	70.5	19.1	27.0	1519	38	11
27	45	總經理	70.4	18.8	26.7	1512	—	—
28	75	縣市議員	69.9	20.3	29.0	1517	51	—

29	16	銀行經理	69.4	19.9	28.6	1516	17	24.5
30	26	警官	69.3	19.9	28.7	1514	—	—
31	32	推事	68.7	20.4	29.7	1505	34	14
32	23	農人	68.4	25.4	37.1	1518	13	44
33	69	農會總幹事	68.3	18.2	26.6	1516	—	—
34	78	護士	67.6	19.2	28.5	1518	21	—
35	55	工廠廠長	67.0	18.2	27.1	1516	—	—
36	15	助產士	66.8	20.0	29.9	1515	55	—
37	74	中醫師	66.7	17.7	26.5	1517	36	—
38	41	新聞記者	66.0	21.1	31.9	1517	45	48
39	66	社會工作人員	65.7	19.3	29.4	1502	18	44
40	8	神父	65.5	23.7	36.1	1509	58	21.5
41	89	科長	64.9	16.8	25.9	1506	—	—
42	47	村里幹事	64.8	19.7	30.4	1518	—	—
43	67	會計師	64.6	18.1	28.1	1512	—	29.5
44	53	警察	64.5	21.3	33.1	1520	91	47
45	12	空中小姐	64.3	19.2	29.8	1503	—	—
46	31	畫家	63.9	19.7	30.8	1512	28	34.5
47	83	機械修理工	63.7	19.8	31.0	1514	80	62.5
48	58	藥劑師	63.6	18.4	28.9	1515	25	—
49	60	代耕隊員	61.6	21.2	34.3	1495	—	—
50	42	牧師	61.1	22.0	36.0	1501	59	—
51	34	商店老板	59.8	17.3	28.9	1513	—	54.5
52	35	電話接線生	58.7	20.3	34.6	1515	—	—
53	94	辦事員	58.3	17.2	29.5	1516	—	—
54	59	人事管理員	57.8	18.1	31.3	1507	—	—
55	73	圖書館管理員	57.6	18.3	31.7	1506	40	—
56	62	會計員	57.3	16.9	29.5	1509	47	49.5
57	44	科員	56.7	16.4	29.0	1504	—	—
58	56	出納員	55.9	17.0	30.3	1508	78	—
59	80	房地產經理	55.8	19.0	34.1	1503	—	—
60	50	代書	55.1	18.8	34.1	1513	—	—
61	72	船員	55.1	19.4	35.2	1513	82	—
62	10	司機	54.5	19.6	36.0	1512	85	80.5
63	36	攝影師	54.2	17.4	32.0	1513	53	—

64	64	裁縫	54.1	19.5	36.0	1518	69	—
65	63	木匠	53.8	19.8	36.8	1509	99	53
66	11	泥水匠	53.8	21.3	39.5	1508	—	—
67	14	電視裝修工	53.7	18.9	35.1	1513	—	—
68	13	廚師	53.7	19.9	37.1	1516	89	72.5
69	84	工頭	53.5	18.6	34.8	1509	83	—
70	90	打字員	53.4	17.4	32.6	1510	65	—
71	9	和尙	53.3	22.8	42.8	1506	121	—
72	87	加油站服務員	52.4	19.8	37.8	1516	—	—
73	1	店員	51.6	17.9	34.7	1518	88	70
74	61	清道夫	51.5	25.2	48.9	1519	111	89
75	85	礦工	51.3	21.7	42.3	1512	—	77.5
76	25	導遊	50.6	19.0	37.5	1513	—	—
77	48	鐘錶修理匠	50.5	18.2	36.0	1515	86	—
78	77	演員	48.9	19.3	39.4	1514	100	—
79	30	工廠女工	48.5	21.4	44.0	1517	98	—
80	21	車掌	47.5	18.0	37.8	1517	103	—
81	52	美容師	46.2	18.3	39.6	1514	90	—
82	40	歌星	45.7	20.7	45.4	1518	110	74
83	29	理髮師	45.6	18.9	41.5	1515	105	62.5
84	4	推銷員	45.3	19.2	42.3	1510	93	—
85	3	遊覽車小姐	45.3	18.1	39.9	1514	—	—
86	91	工友	44.7	20.5	45.9	1513	—	—
87	43	道士	43.8	20.2	46.1	1507	125	—
88	39	攤販	43.8	19.6	44.8	1512	97	—
89	92	侍者	42.5	19.9	46.8	1504	114	80.5
90	57	風水師	42.2	21.3	50.5	1510	107	—
91	86	女佣人	41.8	20.1	48.1	1512	115	—
92	49	算命仙	32.1	19.0	19.9	1517	123	—
93	51	舞女	29.0	15.3	52.9	1517	—	—
94	20	茶室女	27.1	15.1	55.5	1514	—	—

說明：本研究為 94 種職業，Grichting 126 種，NORC 90 種。

附錄二　94 種職業分類表

一、專業、技術及相關人員

　2 中學教師，5 大法官，15 助產士，17 教授，22 飛機駕駛員，24 工程師，27 音樂家，31 畫家，32 推事，37 作家（文學家），41 新聞記者，58 藥劑師，65 小學教師，66 社會工作員，67 會計師，70 律師，74 中醫師，78 護士，79 經濟學家，81 醫生（西醫），82 科學家，共 21 種。

二、行政、經理及相關人員

　6 大企業家，16 銀行經理，18 立法委員，19 省主席，26 警官，28 省議員，33 國大代表，45 總經理，46 監察委員，55 工廠廠長，68 郵政局長，69 農會總幹事，71 火車站長，75 縣市議員，76 董事長，88 大使，89 科長，93 市長，共 18 種。

三、佐理人員

　35 電話接線生，38 郵差，44 科員，47 村里幹事，56 出納員，59 人事管理員，62 會計員，73 圖書館管理員，90 打字員，94 辦事員，共 10 種。

四、買賣工作人員

　1 店員，4 推銷員，34 商店老板，39 攤販，80 房地產經理，共 5 種。

五、服務工作人員

　3 遊覽小姐，12 空中小姐，13 厨師，21 車掌，25 導遊，29 理髮師，36 攝影師，40 歌星，50 代書，52 美容師，53 警察，54 消防隊員，77 演員，86 女佣人，87 加油站服務員，91 工友，92 侍者，共 17種。

六、農事人員

　23 農人，60 代耕隊員，共 2 種。

七、生產、運輸及相關人員

　10 司機，11 泥水匠，14 電視裝修工，30 工廠女工，48 鐘錶修理匠，61 清道夫，63 木匠，64 裁縫，72 船員，83 機械修理工，84 工頭，85 礦工，

共 12 種。

八、神職及相關人員

8 神父，9 和尚，42 牧師，43 道士，49 算命仙，57 風水師，共 6 種。

九、無法歸類人員

20 茶室女，51 舞女，共 2 種。

　　　說明：(1) 分類標準係參閱國際學術研究之分類方法及我國實際情況。

　　　　　　　　例如，演員與歌星未歸入專業人員，神職人員另成一類。

　　　　　(2) 各國軍事人員均另成一類，但本研究僅列「軍官」一職，故

　　　　　　　　未列入討論之列。無論聲望與實用性均甚高。

　　　　　(3) 農事人員所列項目僅二項，平均數似略過高。

附錄三・1　11類職業所包含項目

（項目代號及名稱如附錄三・2）

1 類政治人員：5, 18, 19, 28, 32, 33, 46, 68, 69, 71, 75, 88, 93.

2 類專業人員：17, 24, 27, 31, 37, 79, 81, 82, 2, 65.

3 類管理人員：6, 16, 45, 55, 70, 76.

4 類軍警人員：7, 26, 53.

5 類農事人員：23, 60.

6 類事務人員：44, 47, 56, 58, 59, 62, 66, 67, 73, 74, 80, 89, 90, 94.

7 類技術工：10, 11, 12, 13, 14, 15, 21, 22, 29, 30, 35, 36, 48, 52, 63, 64, 78, 83,

　　84, 34, 39.

8 類非技術工：38, 54, 61, 72, 85, 86, 87, 91, 92.

9 類服務人員：1, 3, 4, 25, 40, 41, 50, 77.

10類神職人員：8, 9, 42, 43, 49, 57.

11類不能歸類人員：20, 51.

附錄三・2　各項目間最高相關表

職業項目（代號相同）	相關項目代　號	相關係數	附　說　明
1　店員	3	.49	其他類似者相關亦較高
2　中學教師	65	.50	餘相關均低
3　遊覽車小姐	1;25	.48	職業類似者相關較高
4　推銷員	3	.39	〃
5　大法官	32	.42	〃
6　大企業家	16	.42	〃
7　軍官	26	.35	〃
8　神父	42	.62	〃
9　和尚	8;43	.43	〃
10　司機	29	.50	〃
11　泥水匠	10;63	.57;.59	〃
12　空中小姐	22	.44	〃
13　廚師	11	.57	〃
14　電視裝修工	13	.55	〃
15　助產士	14	.45	〃
16　銀行經理	76;55	.48;.45	〃
17　教授	82	.42	其他職業類似者相關亦較高
18　立法委員	33;28	.58;.55	〃
19　省主席	18	.50	〃
20　茶室女	51	.55	〃
21　車掌	29;30	.50	〃
22　飛機駕駛員	12;24	.44;.42	〃
23　農人	30;38;61	.53	〃
24　工程師	22;17	.44;.40	〃
25　導遊	29; 3	.44;.48	〃
26　警官	53	.65	〃

27	音樂家	31	.54	其他職業類似者相關亦較高
28	省議員	75;18	.57;.55	〃
29	理髮師	30;11	.58;.56	〃
30	工廠女工	11;29	.60;.58	〃
31	畫家	27	.54	〃
32	推事	5	.42	〃
33	國大代表	18	.58	〃
34	商店老板	36	.42	〃
35	電話接線生	64;90	.54	〃
36	攝影師	48	.53	〃
37	作家	31	.49	〃
38	郵差	23;61	.53	〃
39	攤販	30	.58	〃
40	歌星	41	.38	〃
41	記者	50	.42	〃
42	牧師	8	.62	〃
43	道士	49;57	.50;.49	〃
44	科員	62	.47	〃
45	總經理	55;16	.57;.53	〃
46	監察委員	33	.55	〃
47	村里幹事	94	.58	〃
48	鐘錶修理匠	64;63	.63;.62	〃
49	算命仙	59	.54	〃
50	代書	52	.41	〃
51	舞女	20	.55	〃
52	美容師	64	.49	〃
53	警察	26	.65	〃
54	消防隊員	38	.56	〃
55	工廠廠長	45	.57	〃
56	出納員	62;94	.57	〃
57	風水師	49	.54	〃
58	藥劑師	59	.51	〃
59	人事管理員	56	.55	〃
60	代耕隊員	61	.57	〃

61	清道夫	91;85	.61;.60	其他職業類似者相關亦較高
62	會計員	56;67	.57	〃
63	木匠	48;61	.60;.59	〃
64	裁縫	48;63	.62; 75	〃
65	小學教師	2	.56	〃
66	社會工作員	94;65	.48;.47	〃
67	會計師	62;56	.57;.49	〃
68	郵局局長	71;67	.53	〃
69	農會總幹事	75	.48	〃
70	律師	76	.45	〃
71	火車站站長	68	.53	〃
72	船員	85;90	.59; 57	〃
73	圖書館管理員	90;94	.59; 55	〃
74	中醫師	73;58	.45;.44	〃
75	縣市議員	18	.57	〃
76	董事長	55	.52	〃
77	演員	40	.55	〃
78	護士	83	.53	〃
79	經濟學家	82	.47	〃
80	房地產經理	67	.44	〃
81	醫生	82;93	.42;.41	其餘普遍低
82	科學家	88;81	.47;.42	
83	機械修理工	85	.59	職業類似者相關較高
84	工頭	83	.56	
85	礦工	86;51	.68;.51	〃
86	女佣人	91;92	.76;.72	〃
87	加油站服務員	85;86	.58;.57	〃
88	大使	93	.52	〃
89	科長	94;69	.47	〃
90	打字員	94	.64	〃
91	工友	92;86	.77;.76	〃
92	侍者	91;86	.77;.72	〃
93	市長	88	.52	〃
94	辦事員	90;56	.64;.57	〃

滄海叢刊已刊行書目㈠

書　　　　名	作　　者	類　　　別
國父道德言論類輯	陳　立　夫	國父遺教
中國學術思想史論叢㈠㈡㈢㈣㈤㈥㈦㈧	錢　　穆	國　　學
現代中國學術論衡	錢　　穆	國　　學
兩漢經學今古文平議	錢　　穆	國　　學
朱子學提綱	錢　　穆	國　　學
先秦諸子繫年	錢　　穆	國　　學
先秦諸子論叢	唐　端　正	國　　學
先秦諸子論叢（續篇）	唐　端　正	國　　學
儒學傳統與文化創新	黃　俊　傑	國　　學
宋代理學三書隨劄	錢　　穆	國　　學
莊子纂箋	錢　　穆	國　　學
湖上閒思錄	錢　　穆	哲　　學
人生十論	錢　　穆	哲　　學
晚學盲言	錢　　穆	哲　　學
中國百位哲學家	黎　建　球	哲　　學
西洋百位哲學家	鄔　昆　如	哲　　學
現代存在思想家	項　退　結	哲　　學
比較哲學與文化㈠㈡	吳　　森	哲　　學
文化哲學講錄㈠㈡㈢㈣	鄔　昆　如	哲　　學
哲學淺論	張　康譯	哲　　學
哲學十大問題	鄔　昆　如	哲　　學
哲學智慧的尋求	何　秀　煌	哲　　學
哲學的智慧與歷史的聰明	何　秀　煌	哲　　學
內心悅樂之源泉	吳　經　熊	哲　　學
從西方哲學到禪佛教——「哲學與宗教」一集—	傅　偉　勳	哲　　學
批判的繼承與創造的發展——「哲學與宗教」二集—	傅　偉　勳	哲　　學
愛的哲學	蘇　昌　美	哲　　學
是與非	張　身　華譯	哲　　學

滄海叢刊巳刊行書目 (二)

書　　　名	作　　者	類　　別			
語　言　哲　學	劉　福　增	哲			學
邏　輯　與　設　基　法	劉　福　增	哲			學
知識・邏輯・科學哲學	林　正　弘	哲			學
中　國　管　理　哲　學	曾　仕　強	哲			學
老　子　的　哲　學	王　邦　雄	中	國	哲	學
孔　學　漫　談	余　家　菊	中	國	哲	學
中　庸　誠　的　哲　學	吳　　怡	中	國	哲	學
哲　學　演　講　錄	吳　　怡	中	國	哲	學
墨　家　的　哲　學　方　法	鐘　友　聯	中	國	哲	學
韓　非　子　的　哲　學	王　邦　雄	中	國	哲	學
墨　家　哲　學	蔡　仁　厚	中	國	哲	學
知　識、理　性　與　生　命	孫　寶　琛	中	國	哲	學
逍　遙　的　莊　子	吳　　怡	中	國	哲	學
中國哲學的生命和方法	吳　　怡	中	國	哲	學
儒　家　與　現　代　中　國	韋　政　通	中	國	哲	學
希　臘　哲　學　趣　談	鄔　昆　如	西	洋	哲	學
中　世　哲　學　趣　談	鄔　昆　如	西	洋	哲	學
近　代　哲　學　趣　談	鄔　昆　如	西	洋	哲	學
現　代　哲　學　趣　談	鄔　昆　如	西	洋	哲	學
現　代　哲　學　述　評　(一)	傅　佩　榮譯	西	洋	哲	學
懷　海　德　哲　學	楊　士　毅	西	洋	哲	學
思　想　的　貧　困	韋　政　通	思			想
不　以　規　矩　不　能　成　方　圓	劉　君　燦	思			想
佛　學　研　究	周　中　一	佛			學
佛　學　論　著	周　中　一	佛			學
現　代　佛　學　原　理	鄭　金　德	佛			學
禪　話	周　中　一	佛			學
天　人　之　際	李　杏　邨	佛			學
公　案　禪　語	吳　　怡	佛			學
佛　教　思　想　新　論	楊　惠　南	佛			學
禪　學　講　話	芝峯法師譯	佛			學
圓滿生命的實現 （布施波羅蜜）	陳　柏　達	佛			學
絕　對　與　圓　融	霍　韜　晦	佛			學
佛　學　研　究　指　南	關　世　謙譯	佛			學
當　代　學　人　談　佛　教	楊　惠　南編	佛			學

滄海叢刊已刊行書目 (三)

書名	作者	類	別
不疑不懼	王洪鈞	教	育
文化與教育	錢穆	教	育
教育叢談	上官業佑	教	育
印度文化十八篇	糜文開	社	會
中華文化十二講	錢穆	社	會
清代科舉	劉兆璸	社	會
世界局勢與中國文化	錢穆	社	會
國家論	薩孟武譯	社	會
紅樓夢與中國舊家庭	薩孟武	社	會
社會學與中國研究	蔡文輝	社	會
我國社會的變遷與發展	朱岑樓主編	社	會
開放的多元社會	楊國樞	社	會
社會、文化和知識份子	葉啟政	社	會
臺灣與美國社會問題	蔡文輝 蕭新煌主編	社	會
日本社會的結構	福武直著 王世雄譯	社	會
三十年來我國人文及社會科學之回顧與展望		社	會
財經文存	王作榮	經	濟
財經時論	楊道淮	經	濟
中國歷代政治得失	錢穆	政	治
周禮的政治思想	周世輔 周文湘	政	治
儒家政論衍義	薩孟武	政	治
先秦政治思想史	梁啟超原著 賈馥茗標點	政	治
當代中國與民主	周陽山	政	治
中國現代軍事史	劉馥著 梅寅生譯	軍	事
憲法論集	林紀東	法	律
憲法論叢	鄭彥棻	法	律
師友風義	鄭彥棻	歷	史
黃帝	錢穆	歷	史
歷史與人物	吳相湘	歷	史
歷史與文化論叢	錢穆	歷	史

書　　　　　名	作　　者	類	別
中 西 文 學 關 係 研 究	王 潤 華	文	學
文 　 開 　 隨 　 筆	糜 文 開	文	學
知 　 識 　 之 　 劍	陳 鼎 環	文	學
野 　 　 草 　 　 詞	韋 瀚 章	文	學
李 韶 歌 詞 集	李 　 韶	文	學
石 頭 的 研 究	戴 　 天	文	學
留 不 住 的 航 渡	葉 維 廉	文	學
三 　 十 　 年 　 詩	葉 維 廉	文	學
現 代 散 文 欣 賞	鄭 明 娳	文	學
現 代 文 學 評 論	亞 　 菁	文	學
三 十 年 代 作 家 論	姜 　 穆	文	學
當 代 臺 灣 作 家 論	何 　 欣	文	學
藍 天 白 雲 集	梁 容 若	文	學
見 　 賢 　 集	鄭 彥 棻	文	學
思 　 齊 　 集	鄭 彥 棻	文	學
寫 作 是 藝 術	張 秀 亞	文	學
孟 武 自 選 文 集	薩 孟 武	文	學
小 說 創 作 論	羅 　 盤	文	學
細 讀 現 代 小 說	張 素 貞	文	學
往 　 日 　 旋 　 律	幼 　 柏	文	學
城 　 市 　 筆 　 記	巴 　 斯	文	學
歐 羅 巴 的 蘆 笛	葉 維 廉	文	學
一 個 中 國 的 海	葉 維 廉	文	學
山 　 外 　 有 　 山	李 英 豪	文	學
現 實 的 探 索	陳 銘 磻 編	文	學
金 　 　 排 　 　 附	鍾 延 豪	文	學
放 　 　 　 　 鷹	吳 錦 發	文	學
黃 巢 殺 人 八 百 萬	宋 澤 萊	文	學
燈 　 　 下 　 　 燈	蕭 　 蕭	文	學
陽 關 千 唱	陳 　 煌	文	學
種 　 　 　 　 籽	向 　 陽	文	學
泥 土 的 香 味	彭 瑞 金	文	學
無 　 　 　 緣 　 廟	陳 艷 秋	文	學
鄉 　 　 　 　 事	林 清 玄	文	學
余 忠 雄 的 春 天	鍾 鐵 民	文	學
吳 煦 斌 小 說 集	吳 煦 斌	文	學

滄海叢刊巳刊行書目 (七)

書　　　名	作　　者	類　　　　別
印度文學歷代名著選(上)(下)	糜文開編譯	文　　　　　　學
寒　山　子　研　究	陳　慧　劍	文　　　　　　學
魯　迅　這　個　人	劉　心　皇	文　　　　　　學
孟　學　的　現　代　意　義	王　支　洪	文　　　　　　學
比　　較　　詩　　學	葉　維　廉	比　較　文　學
結構主義與中國文學	周　英　雄	比　較　文　學
主題學研究論文集	陳鵬翔主編	比　較　文　學
中國小說比較研究	侯　　　健	比　較　文　學
現象學與文學批評	鄭樹森編	比　較　文　學
記　　號　　詩　　學	古　添　洪	比　較　文　學
中　美　文　學　因　緣	鄭樹森編	比　較　文　學
文　　學　　因　　緣	鄭　樹　森	比　較　文　學
比較文學理論與實踐	張　漢　良	比　較　文　學
韓　非　子　析　論	謝　雲　飛	中　國　文　學
陶　淵　明　評　論	李　辰　冬	中　國　文　學
中　國　文　學　論　叢	錢　　　穆	中　國　文　學
文　　學　　新　　論	李　辰　冬	中　國　文　學
離騷九歌九章淺釋	繆　天　華	中　國　文　學
苕華詞與人間詞話述評	王　宗　樂	中　國　文　學
杜　甫　作　品　繫　年	李　辰　冬	中　國　文　學
元　曲　六　大　家	應　裕　康 王　忠　林	中　國　文　學
詩　經　研　讀　指　導	裴　普　賢	中　國　文　學
迦　陵　談　詩　二　集	葉　嘉　瑩	中　國　文　學
莊　子　及　其　文　學	黃　錦　鋐	中　國　文　學
歐陽修詩本義研究	裴　普　賢	中　國　文　學
清　真　詞　研　究	王　支　洪	中　國　文　學
宋　儒　風　範	董　金　裕	中　國　文　學
紅樓夢的文學價值	羅　　盤	中　國　文　學
四　說　論　叢	羅　　盤	中　國　文　學
中國文學鑑賞舉隅	黃慶萱 許家鸞	中　國　文　學
牛李黨爭與唐代文學	傅　錫　壬	中　國　文　學
增　訂　江　皋　集	吳　俊　升	中　國　文　學
浮　士　德　研　究	李辰冬譯	西　洋　文　學
蘇　忍　尼　辛　選　集	劉安雲譯	西　洋　文　學

滄海叢刊巳刊行書目 (八)

書　　　名	作　　者	類　　　別
文 學 欣 賞 的 靈 魂	劉 述 先	西 洋 文 學
西 洋 兒 童 文 學 史	葉 詠 琍	西 洋 文 學
現 代 藝 術 哲 學	孫 旗 譯	藝 術
音 樂 人 生	黃 友 棣	音 樂
音 樂 與 我	趙 琴	音 樂
音 樂 伴 我 遊	趙 琴	音 樂
爐 邊 閒 話	李 抱 忱	音 樂
琴 臺 碎 語	黃 友 棣	音 樂
音 樂 隨 筆	趙 琴	音 樂
樂 林 蓽 露	黃 友 棣	音 樂
樂 谷 鳴 泉	黃 友 棣	音 樂
樂 韻 飄 香	黃 友 棣	音 樂
樂 圖 長 春	黃 友 棣	音 樂
色 彩 基 礎	何 耀 宗	美 術
水 彩 技 巧 與 創 作	劉 其 偉	美 術
繪 畫 隨 筆	陳 景 容	美 術
素 描 的 技 法	陳 景 容	美 術
人 體 工 學 與 安 全	劉 其 偉	美 術
立 體 造 形 基 本 設 計	張 長 傑	美 術
工 藝 材 料	李 鈞 棫	美 術
石 膏 工 藝	李 鈞 棫	美 術
裝 飾 工 藝	張 長 傑	美 術
都 市 計 劃 概 論	王 紀 鯤	建 築
建 築 設 計 方 法	陳 政 雄	建 築
建 築 基 本 畫	陳 榮 美 楊 麗 黛	建 築
建 築 鋼 屋 架 結 構 設 計	王 萬 雄	建 築
中 國 的 建 築 藝 術	張 紹 載	建 築
室 內 環 境 設 計	李 琬 琬	建 築
現 代 工 藝 概 論	張 長 傑	雕 刻
藤 竹 工	張 長 傑	雕 刻
戲 劇 藝 術 之 發 展 及 其 原 理	趙 如 琳 譯	戲 劇
戲 劇 編 寫 法	方 寸	戲 劇
時 代 的 經 驗	汪 琪 彭 家 發	新 聞
大 眾 傳 播 的 挑 戰	石 永 貴	新 聞
書 法 與 心 理	高 尚 仁	心 理